“十三五”国家重点图书出版规划项目

投入占用产出技术丛书

投入产出模型在政策模拟分析中的应用

陈全润/著

科学出版社
北京

内 容 简 介

投入产出模型是社会经济政策模拟和影响分析中常用的多部门建模方法之一。本书采用理论模型构建与实际应用案例相结合的方式对投入产出模型在政策模拟分析中的应用进行介绍，主要内容包括政策模拟与影响分析中常用模型（投入产出模型、投入产出计量经济模型、可计算一般均衡模型）的比较、新型投入产出局部闭模型的构建、应对金融危机的一揽子计划对中国经济短期影响的模拟分析、人口结构变化对中国未来不同职业类型劳动力需求的影响分析、中美贸易摩擦对中美经济增长和就业的影响。

本书可供高校教师、科研人员、研究生及对投入产出分析感兴趣的高年级本科生参考。

图书在版编目（CIP）数据

投入产出模型在政策模拟分析中的应用 / 陈全润著. —北京：科学出版社，2022.5

（投入占用产出技术丛书）

“十三五”国家重点图书出版规划项目

ISBN 978-7-03-070470-2

Ⅰ. ①投… Ⅱ. ①陈… Ⅲ. ①投入产出分析－应用－宏观经济－经济政策－模拟－研究 Ⅳ. ①F015

中国版本图书馆 CIP 数据核字（2021）第 224937 号

责任编辑：郝 悦 / 责任校对：贾娜娜

责任印制：张 伟 / 封面设计：无极书装

科学出版社出版

北京东黄城根北街 16 号

邮政编码：100717

http://www.sciencep.com

北京虎彩文化传播有限公司印刷

科学出版社发行 各地新华书店经销

*

2022 年 5 月第 一 版 开本：720 × 1000 1/16

2022 年11月第二次印刷 印张：8

字数：159 000

定价：102.00 元

丛书编委会

（按姓氏拼音排序）

总　序

投入产出技术是数量经济学研究以及宏观经济管理中广泛使用的数量分析工具之一，以能够清晰地反映国民经济各部门间错综复杂的经济关联关系著称。近几年，在国际贸易、资源环境等热点问题的研究中投入产出技术得到越来越多学者的重视和使用。很多以投入产出模型为分析工具的文章发表在国际顶级期刊上。当前国际上很多知名的贸易增加值数据库（如经济合作与发展组织的 TiVA 数据库）背后的核心测算工具均为投入产出模型。由于在经济结构分析与产业关联关系研究方面的优势，投入产出技术在今后若干社会经济问题研究中仍将发挥不可替代的作用。

投入占用产出技术在传统的投入产出技术基础上进一步考虑了经济系统中生产部门对各种要素、资源存量的占用，是对投入产出技术的重要发展。投入占用产出技术由中国科学院数学与系统科学研究院陈锡康研究员于 20 世纪 80 年代提出。当时，陈锡康等受中央有关部门的委托进行全国粮食产量预测研究，为此编制了中国农业投入占用产出表。在编制过程中发现耕地和水资源在粮食生产中具有重要作用，但在传统投入产出技术中完全没有得到反映，进而发现固定资产、劳动力等在投入产出技术中也基本没有得到反映，由此提出了“投入占用产出技术”。

三十余年来投入占用产出技术得到了空前的发展，我国已有三十余位青年学者由于从事投入占用产出技术研究获得管理科学与工程博士学位。投入占用产出技术已成功地应用于全国主要农作物（粮食、棉花和油料）产量预测、对外贸易、水利、能源、就业、政策模拟、影响分析、收入分配等领域。相关研究成果发表论文一百余篇，多次获得国家领导人的重要批示，曾于 2006 年获首届管理学杰出贡献奖、2003 年获首届中国科学院杰出科技成就奖、2008 年获第十三届孙冶方经济科学论文奖、2009 年获大禹水利科学技术奖一等奖、2011 年获国家科技进步奖二等奖、1999 年获国际运筹学进展奖一等奖等诸多奖项。投入占用产出技术也曾获得国际上部分著名学者，如美国科学院院士 Walter Isard、诺贝尔奖金获得者 Wassily Leontief 教授、澳大利亚昆士兰大学教授 R. C. Jensen 和 A. G. Kewood 等的好评。其认为“投入占用产出分析令人极为感兴趣”和“远比标准的投入产出分析好”，是“非常有价值的发现”，是“先驱性研究”，“投入占用产出及完全消耗系数的计算方法是我们领域的一个非常重要的发明和创新”。

虽然投入占用产出技术已成为投入产出领域的一个重要研究方向，但是有关投入占用产出技术及其应用研究的书籍并不多见。中国科学院数学与系统科学研究院陈锡康研究员、杨翠红研究员等已于 2011 年出版《投入产出技术》教材，该书的系统性、权威性都得到了众多从事投入产出教学的学者的好评。在此基础上，我们一直在思索如何进一步地在高校、科研部门、政府部门、企业等拓展投入占用产出技术的研究与应用工作，满足社会各界对宏观经济数量模型的需求。在反复酝酿、不断尝试的基础上，我们决定，与投入产出学界的同仁共同编写、出版一套介绍投入占用产出技术及其应用的丛书。

这套丛书是我们对投入占用产出技术的总结和推广，希望它的出版有助于促进投入产出和投入占用产出技术的蓬勃发展。这套丛书力求体现以下特点。

第一，在丛书内容的编排上，主要介绍投入占用产出技术的理论与应用。选材既包括投入占用产出技术的理论研究，又包括近些年来投入占用产出技术在不同领域的应用介绍，主要包括农业、对外贸易、水资源、能源、就业、政策模拟分析、收入分配等方面。尽管内容包括了宏观经济的众多方面，但是并不求大、求全，而是力求精选。

第二，在每本书的内容和写作方面，注意广泛吸收国内外的优秀科研成果。丛书力求简明易懂、内容系统和实用，注重对宏观经济建模思想的阐述，并结合实证研究说明投入占用产出技术的特点及应用条件。

这套丛书是我国投入产出学界众多学者集体智慧的结晶。我们期望这套丛书的出版将对投入产出分析与投入占用产出技术学科的进一步发展及其在国民经济各领域的更为广泛的应用起到重要推动作用，并希望能够吸引更多学者加入投入产出分析的研究领域。

这套丛书由陈全润、蒋雪梅和王会娟进行组织和编辑工作，我们对他们的辛勤劳动表示衷心感谢！

前　言

投入产出分析方法是数量经济学研究及宏观经济统计分析中广泛使用的数量分析工具之一。在产业层面，它可以简约清晰地反映国民经济中各种重要的经济结构、各种生产要素的投入情况，以及各个产业部门之间错综复杂的关联关系。结合双边国际贸易数据与各国投入产出表所编制的国家间投入产出表以及相应的国家间投入产出模型还可反映国家之间的关联关系。投入产出分析方法由于具有经济结构及部门关联关系研究等方面的优势，在社会经济系统问题研究中发挥着不可替代的作用。投入产出分析方法已被广泛应用于国际贸易、全球价值链、资源环境、政策模拟分析、收入分配等研究领域。

自 20 世纪 30 年代投入产出分析方法提出以来，经过九十余年的研究和发展，投入产出分析相关研究取得了长足进步。中国学者对国际投入产出分析研究领域的发展做出了重要贡献。由国际投入产出协会会士陈锡康教授提出的投入占用产出技术便是其中最具代表性的成果。本书有幸作为“投入占用产出技术丛书”著作之一，将对投入产出模型在政策模拟分析中的应用进行介绍。

投入产出模型基于严格的产品生产技术间的联系构建得到，这些联系是实际中可得且可验证的生产消耗关系。投入产出模型对生产过程中的所有投入进行了全面核算，生产集合包括中间投入和最初投入（劳动力和资本），这比只描述生产过程最初投入的新古典方法更为全面。后来，该生产集合被重新定义为 KLEM 生产函数。由于可以考虑生产部门之间的完全联系（直接联系和间接联系），投入产出表和列昂惕夫乘数在很大程度上提升了公共政策影响分析能力。

本书将结合中国经济发展过程中的几个经典案例对投入产出模型在政策模拟分析中的应用进行介绍，期望能够引起更多学者对投入产出分析方法的关注和使用。第 1 章介绍经典的投入产出模型以及扩展的投入产出模型，并对政策模拟与影响分析中常用的方法进行比较分析。第 2 章提出了新的投入产出局部闭模型，并就应对金融危机的一揽子计划对中国经济的短期影响进行了模拟分析。第 3 章构建了中国城乡人口模型，并利用该模型对 2010～2030 年中国人口结构演化进行了模拟预测。第 4 章在第 3 章人口预测结果的基础上，利用投入产出模型对不同人口政策下中国未来劳动力职业需求结构进行了模拟预测，相关结果可为政府提前制订教育与培训计划提供参考。第 5 章利用世界投入产出模型测度了中国与世界主要经济体之间的依赖关系，并就中美贸易摩擦对中美双方经济增长与就业的影响进行了模拟分析。

在本书的出版过程中，在读研究生周琰、张萍、任世佳、马小涵、李佳雯、江畅做了细致的编排工作。同时，科学出版社也为本书提出了众多宝贵的修订意见。在此，为他们的辛苦付出表示衷心的感谢！另外，本书的出版还得到对外经济贸易大学中央高校基本科研业务费专项资金资助（批准号：CXTD13-04）以及国家自然科学基金面上项目（NO. 61273208，71473244）资助。

最后，受作者水平所限，书中不足之处敬请读者批评指正。

对外经济贸易大学　陈全润

2022 年 5 月

目　　录

第1章 导 论

1.1 投入产出模型简介

投入产出分析（input-output analysis）由美国经济学家列昂惕夫于20世纪30年代提出，基本思想刊登在*Review of Economics and Statistics*杂志（Leontief，1936）。由于在投入产出分析方面的杰出贡献，列昂惕夫于1973年获得诺贝尔经济奖。经过几十年的发展，投入产出分析已成为经济学研究中使用最为广泛的工具之一（Baumol，2000）。

投入产出模型由一组反映国民经济核算平衡的方程组成，反映了经济系统中各个产业部门间的相互关联关系。在根据实际观测编制出投入产出表的同时，反映产业部门间关联关系的理论方程也就相应推导了出来。因此列昂惕夫（Leontief，1989）认为“经济理论演绎推理的结果和实际观测结果之间的差距正威胁到经济学向经验科学妥协，而投入产出分析正是一个为缩小这一差距而设计的方法论”，即投入产出分析是一个能够使理论模型与实际观测完全吻合的经济学方法论。

1.2 投入产出分析的基本框架

投入产出表是投入产出分析的数据来源，也是投入产出模型推导的基础。一方面，它描述了国民经济中各个部门生产活动的投入情况，其中包括生产中需要的来自各部门的原材料的投入情况，还包括劳动力、资本等生产要素的投入情况。另一方面，还描述了各个部门产出品在国民经济中的分配使用情况，其中包括各生产部门产出用作中间使用的部分，还包括各部门产出用作最终使用的部分，如消费、资本形成、出口等。

一般的投入产出表的形式如表1.1所示。表1.1中的第Ⅰ象限描述了产业部门之间的相互消耗关系，每个部门的生产活动都需要各部门的产品作为中间投入品。该象限是投入产出表的核心象限，投入产出分析对产业部门之间复杂联系的刻画便体现在该象限。第Ⅱ象限描述了各部门产品用作最终使用的情况，即消费活动使用了各部门多少产品（各部门有多少产品用作消费品），投资活动使用了各部门多少产品（各部门有多少产品用作投资品）等，该象限是从支出法的角度对国内生产总值（gross domestic product，GDP）的一个刻画。第Ⅲ象限描述了各部门的最初投入情况，例如，以劳动者报酬体现的劳动力的最初投入，以固定资产折旧和营业盈余体现的资本的最初投入等。该象限是从收入法的角度对 GDP 的一个刻画。第Ⅰ象限和第Ⅱ象限共同描述了各部门的产出品在国民经济各种活动中的使用情况，包括第Ⅰ象限的生产活动使用和第Ⅱ象限的最终需求活动使用。第Ⅰ象限和第Ⅲ象限共同描述了各部门生产活动的投入情况，包括第Ⅰ象限的中间投入和第Ⅲ象限的最初投入。投入产出表细分部门的特点为研究国民经济中的重要经济结构问题提供了支持。

表 1.1　一般的投入产出表

<table>
<tr><td colspan="2" rowspan="2">产出
投入</td><td>中间使用</td><td>最终使用</td><td rowspan="2">总产出</td></tr>
<tr><td>部门 1　部门 2 … 部门 n</td><td>消费　资本形成　净出口</td></tr>
<tr><td>中间投入</td><td>部门 1
部门 2
⋮
部门 n</td><td>Ⅰ</td><td>Ⅱ</td><td></td></tr>
<tr><td>最初投入
（增加值）</td><td>劳动者报酬
固定资产折旧
营业盈余
生产税净额</td><td>Ⅲ</td><td></td><td></td></tr>
<tr><td colspan="2">总投入</td><td></td><td></td><td></td></tr>
</table>

1.3　扩展的投入产出分析框架

一般的投入产出框架主要用于反映经济系统中各个部门生产活动的相互依赖关系。如果要进一步将其他经济活动考虑进来则需要对一般的投入产出框架进行扩充，从而产生了一系列的投入产出扩展模型，如考虑国际贸易的非竞争型投入产出模型、考虑资本占用的投入占用产出模型、考虑居民消费活动的投入产出局部闭模型等。

1.3.1　非竞争型投入产出模型

为了体现一国的国际贸易活动，需要在表 1.1 的基础上将国内品和进口品进行区分。区分国内品和进口品的投入产出表通常称为非竞争型投入产出表（陈锡康，2009）。该种形式的投入产出表认为国内品与进口品之间不能相互替代，从而二者之间不存在竞争，各部门要完成生产活动必须按照固定的比例对国内品和进口品进行投入。与此对应的是一般的投入产出表也称竞争型投入产出表，由于没有区分国内品和进口品，该种形式的投入产出表认为国内品和进口品是完全竞争的，它们之间没有区别，可以相互替代。非竞争型投入产出表的表式如表 1.2 所示。

表 1.2　非竞争型投入产出表

<table>
<tr><td colspan="3" rowspan="2">产出
投入</td><td>中间使用</td><td>最终使用</td><td rowspan="2">总产出</td></tr>
<tr><td>部门 1　部门 2…部门 n</td><td>消费　资本形成　出口</td></tr>
<tr><td rowspan="2">中间投入</td><td>国内品</td><td>部门 1
部门 2
⋮
部门 n</td><td rowspan="2">Ⅰ</td><td rowspan="2">Ⅱ</td><td rowspan="2"></td></tr>
<tr><td>进口品</td><td>部门 1
部门 2
⋮
部门 n</td></tr>
<tr><td>最初投入
（增加值）</td><td colspan="2">劳动者报酬
固定资产折旧
营业盈余
生产税净额</td><td>Ⅲ</td><td></td><td></td></tr>
<tr><td colspan="3">总投入</td><td></td><td></td><td></td></tr>
</table>

到此为止，可建立如下投入产出模型。

1. 符号表示与模型推导

将投入产出表中的数据用符号表示，如图 1.1 所示。

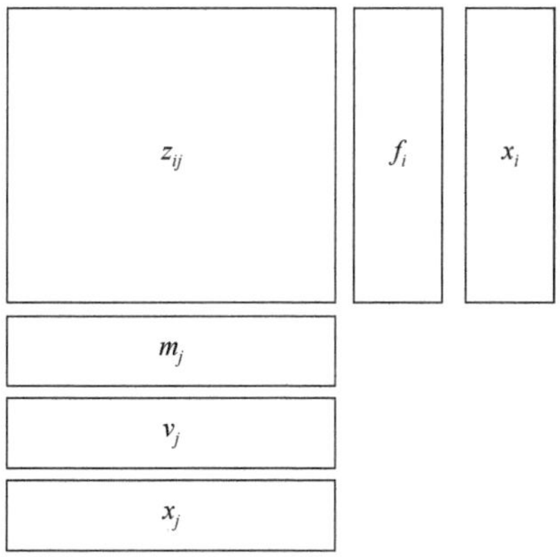

图 1.1　投入产出表的符号表示

z_{ij} 表示第 i 部门产品用于第 j 部门生产投入的数量；f_i 表示第 i 部门产品用作最终需求的数量（消费、资本形成、出口合计）；x_i 表示第 i 部门的总产出；m_j 表示第 j 部门生产对进口品的使用量（进口矩阵的列和）；v_j 表示第 j 部门生产创造的增加值根据产品的使用去向，以下行向恒等式成立：

$$\sum_{j=1}^{n} z_{ij} + f_i = x_i \quad (i = 1, 2, \cdots, n) \tag{1.1}$$

其中，$\sum_{j=1}^{n} z_{ij}$ 表示第 i 部门产品用作中间使用的部分；f_i 表示第 i 部门产品用作最终使用的部分；二者之和为第 i 部门的总产出 x_i。

进一步给出直接投入系数（也称直接消耗系数）a_{ij} 的定义式：

$$a_{ij} = \frac{z_{ij}}{x_j} \tag{1.2}$$

其中，a_{ij} 表示第 j 部门生产单位产品对第 i 部门国内品的消耗量。在投入产出模型中假定 a_{ij} 不变。从生产技术的角度来看，该假定较为合理。例如，生产 1 辆汽车需要 1 台发动机和 4 个轮胎，生产 2 辆汽车则需要 2 台发动机和 8 个轮胎，1 发动机/汽车、4 轮胎/汽车这一生产技术是不变的。由式（1.2）进一步可得

$$z_{ij} = a_{ij} x_j \tag{1.3}$$

将式（1.3）代入式（1.1）得

$$\sum_{j=1}^{n} a_{ij} x_j + f_i = x_i \quad (i = 1, 2, \cdots, n) \tag{1.4}$$

将式（1.4）进一步表示为矩阵形式：

$$\boldsymbol{A}\boldsymbol{x} + \boldsymbol{f} = \boldsymbol{x} \tag{1.5}$$

其中，$\boldsymbol{A} = (a_{ij})_{n\times n}$ 表示直接投入系数矩阵；$\boldsymbol{f} = (f_i)_{n\times 1}$ 表示最终需求向量；$\boldsymbol{x} = (x_i)_{n\times 1}$ 表示总产出向量。

求解式（1.5）得

$$\boldsymbol{x} = (\boldsymbol{I} - \boldsymbol{A})^{-1} \boldsymbol{f} \tag{1.6}$$

其中，$\boldsymbol{I}$ 表示单位矩阵。式（1.6）即为经典的列昂惕夫投入产出模型。给定一篮子最终品，通过投入产出模型即可计算得到为生产该一篮子产品所需要的各部门的产出量。该模型的重要参数为列昂惕夫逆矩阵 $\boldsymbol{L} = (\boldsymbol{I} - \boldsymbol{A})^{-1}$，但从直观来看逆矩阵的经济含义较难解释。若将列昂惕夫逆矩阵展开成式（1.7），其经济含义便清楚了。

$$\boldsymbol{L} = (\boldsymbol{I} - \boldsymbol{A})^{-1} = \boldsymbol{I} + \boldsymbol{A} + \boldsymbol{A}^2 + \boldsymbol{A}^3 + \cdots \tag{1.7}$$

其中，$\boldsymbol{A}$ 的元素 a_{ij} 表示生产单位 j 部门产品所直接消耗的部门产品的数量，是 j 部门生产对 i 部门产品的直接需要量，体现为 j 部门对 i 部门的直接影响。$\boldsymbol{A}_{ij}^2$ 的第 i 行第 j 列元素 $\sum_{k=1}^{n} a_{ik}a_{kj}$ 表示生产单位 j 部门产品通过中间部门 k（$k=1,2,\cdots,n$）对 i 部门产品产生的一次间接需要量。因为 j 部门生产过程中需要使用来自 k 部门的产品，而其所需要的 k 部门产品的生产过程中需要使用来自 i 部门的产品，j 部门的需求上升后会通过中间部门 k 对 i 部门的产出产生间接影响。$\boldsymbol{A}^3$ 的第 i 行第 j 列元素 $\sum_{s=1}^{n}\sum_{k=1}^{n} a_{is}a_{sk}a_{kj}$ 表示生产单位 j 部门产品通过中间部门 k（$k=1,2,\cdots,n$）和 s（$s=1,2,\cdots,n$）对 i 部门产品产生的二次间接需要量。与一次间接需要量相比，二次间接需要量通过两个中间部门产生。j 部门生产过程中需要使用来自 k 部门的产品，其所需要的 k 部门产品的生产过程中需要使用来自 s 部门的产品，而所需要的 s 部门产品的生产过程中需要 i 部门的产品，因此 j 部门需求上升后会通过中间部门 k 和 s 对 i 部门的产出产生间接影响。随着中间部门个数的增加，进一步可以得到生产单位 j 部门对 i 部门后续几轮的间接需要量。式（1.7）的第一项 $\boldsymbol{I}$ 为单位矩阵，主对角线为 1，其他元素为 0。因此单位矩阵只对 j 部门对本部门的需要量产生影响，由于考察的是 j 部门生产单位产品对本部门产出的需要量，除了生产该单位产品对本部门产品的消耗以外，该单位产品显然也是部门 j 需要生产出的产品。

综上，列昂惕夫逆矩阵中的元素 l_{ij} 满足：

$$l_{ij}=\begin{cases}1+a_{ij}+\sum_{k=1}^{n}a_{ik}a_{kj}+\sum_{s=1}^{n}\sum_{k=1}^{n}a_{is}a_{sk}a_{kj}+\cdots & (i=j)\\ a_{ij}+\sum_{k=1}^{n}a_{ik}a_{kj}+\sum_{s=1}^{n}\sum_{k=1}^{n}a_{is}a_{sk}a_{kj}+\cdots & (i\neq j)\end{cases}$$

其中，l_{ij} 表示生产单位 j 部门最终品所完全需要的 i 部门产品的数量，l_{ij} 也被称为完全需要系数。从列昂惕夫逆矩阵的经济含义可以看出投入产出模型的优势在于不仅可以计算一个部门对另一部门的直接影响，还可以通过产业链中部门之间的关联关系计算得到一个部门对另一部门的间接影响。l_{ij} 越大表示部门 j 与部门 i 的后向关联越强。

2. 投入产出模型的基本假定

从构建过程来看，投入产出模型有两个重要的基本假定。

假定 1：比例性假定。

各部门生产过程中，中间品的投入必须按照固定的比例进行，投入品之间不存在替代关系。在该假定下部门 j 的产出 x_j 由列昂惕夫生产函数决定：

$$x_j = \min\left(\frac{z_{1j}}{a_{1j}}, \frac{z_{2j}}{a_{2j}}, \cdots, \frac{z_{nj}}{a_{nj}}\right)$$

对于列昂惕夫生产函数的理解可参考以下简化的例子。假设汽车的生产需要投入发动机和轮胎，并且 1 辆汽车需要 1 台发动机和 4 个轮胎。在汽车生产过程中，发动机和轮胎的投入必须满足 1∶4 才能生产出完整的汽车。如果给定 1 台发动机和 8 个轮胎，此时能够生产出的汽车的数量满足 $\min\left(\frac{1}{1}, \frac{8}{4}\right) = 1$辆。

如果把各部门的投入看成一种固定不变的生产技术或一种生产配方，那么比例性假定有一定的合理性。但在一些情景下，不允许替代的假定就有些过强了。例如，石油价格上涨后，生产部门可能会提高对天然气的使用比例而降低对石油的使用比例。新的生产技术的出现也会打破原有的投入比例，例如，塑料技术取得突破之后，生产部门会用塑料包装瓶来代替玻璃包装瓶。短期之内价格通常具有黏性，生产技术的突破也是一个长期的过程。因此，对于短期问题的研究，生产的比例性假定较为合理。

假定 2：同质性假定。

在投入产出模型中，各部门的生产只对应一组直接投入系数。这里隐含的假定是各部门只有一种生产技术，凡是属于该部门的生产单位都采用相同的投入结构进行生产，所生产的产品同质。在投入产出部门分类足够细的情况下，这一假定具有合理性。如果部门分类较粗，该假定就不合理了。例如，广义的农业部门包含种植业、林业、畜牧业和渔业，种植业生产过程中需要化肥的投入，而畜牧业的生产并不使用化肥。在大的农业部门下要求这些子部门有相同直接投入系数的假定过强。因此，要想满足同质性假定只能对投入产出部门尽可能细分。

1.3.2 投入占用产出模型

各部门进行生产以前，必须占有或掌握相应科学技术和管理技能的劳动力、固定资产、流动资金及自然资源等。各部门生产的规模和效益在很大程度上是由占用品的数量和质量所决定的，而在一般的投入产出分析中并没有体现各部门的占用情况。为解决这一问题，Chen（1990）、Chen 等（2005，2008）、陈锡康和杨翠红（2011）提出了占用的概念，并在此基础上提出了投入占用产出模型，更加完整地反映了经济系统中各部门的生产活动。因为在投入占用产出分析方面所做出的杰出贡献，陈锡康被授予国际投入产出学会研究员。投入占用产出表的格式如表 1.3 所示。

表 1.3 投入占用产出表

<table>
<tr><th colspan="2" rowspan="2">产出
投入</th><th>中间使用</th><th>最终使用</th><th rowspan="2">总产出</th></tr>
<tr><th>部门 1 部门 2 … 部门 n</th><th>消费 资本形成 净出口</th></tr>
<tr><td>中间投入</td><td>部门 1
部门 2
⋮
部门 n</td><td>Ⅰ</td><td>Ⅱ</td><td></td></tr>
<tr><td>最初投入
（增加值）</td><td>劳动者报酬
固定资产折旧
营业盈余
生产税净额</td><td>Ⅲ</td><td></td><td></td></tr>
<tr><td>占用</td><td>固定资产
存货
金融证券
劳动力
自然资源
其他</td><td></td><td></td><td></td></tr>
<tr><td colspan="2">总投入</td><td></td><td></td><td></td></tr>
</table>

1.3.3 投入产出局部闭模型

在经济系统中，居民部门的消费活动和生产部门的生产活动紧密联系在一起。居民消费会引起生产部门产出的增加，部门产出的增加通过收入分配会进一步增加居民的收入，而居民收入的增加又会引起消费的增加，进一步拉动各部门产出的增加，从而产生乘数效应。因此在研究实际经济问题尤其是政策评价和影响分析相关问题时需要将居民的消费活动考虑进来。投入产出模型常用的做法为，将投入产出表中的居民消费一列封闭到中间流量矩阵中，用来反映居民对各部门产品的消耗情况，同时将劳动者报酬一行封闭到中间流量矩阵中，用来反映居民获得的收入（Miller and Blair，2009；陈锡康，1992；佟仁城，2001）。由于只将居民消费这一部分最终需求封闭到中间流量矩阵（资本形成和出口等最终需求种类仍作为外生变量），因此称这一模型为投入产出局部闭模型（国际上称为 semi-closed input-output model 或 partially closed input-output model）。

投入产出局部闭模型对应的投入产出表如表 1.4 所示。需要指出的是，在投入产出局部闭模型的实际应用过程中应和非竞争型投入产出表联合使用，即对中间使用和最终使用中的国内品及进口品进行区分，否则会高估国内生产部门之间的联系。

表 1.4　投入产出局部闭模型对应的投入产出表

<table>
<tr><td colspan="2" rowspan="2">产出
投入</td><td>中间使用</td><td colspan="2">最终使用</td><td rowspan="2">外生收入</td><td rowspan="2">总产出</td></tr>
<tr><td>1,2,…,n</td><td>居民消费</td><td>政府消费　资本形成　净出口</td></tr>
<tr><td>中间投入</td><td>1
2
⋮
n</td><td></td><td></td><td></td><td></td><td></td></tr>
<tr><td rowspan="2">最初投入
（增加值）</td><td>劳动者报酬</td><td></td><td></td><td></td><td></td><td></td></tr>
<tr><td>固定资产折旧
营业盈余
生产税净额</td><td></td><td></td><td colspan="3"></td></tr>
<tr><td colspan="2">总投入</td><td></td><td></td><td colspan="3"></td></tr>
</table>

投入产出局部闭模型可表示成如下形式：

$$\begin{bmatrix} \boldsymbol{A} & \boldsymbol{h}^c \\ \boldsymbol{h}^r & 0 \end{bmatrix}\begin{bmatrix} \boldsymbol{x} \\ x_{n+1} \end{bmatrix}+\begin{bmatrix} \tilde{\boldsymbol{f}} \\ f_{n+1}^* \end{bmatrix}=\begin{bmatrix} \boldsymbol{x} \\ x_{n+1} \end{bmatrix}$$

其中，$\boldsymbol{A}=(a_{ij})_{n\times n}$ 表示直接消耗系数矩阵；$\boldsymbol{x}=(x_i)_{n\times 1}$ 表示总产出列向量；x_{n+1} 表示居民总收入；$\tilde{\boldsymbol{f}}$ 表示除居民消费以外的最终需求向量；f_{n+1}^* 表示居民外生收入；$\boldsymbol{h}^c=(h_j^c)_{1\times n}$ 表示消费系数向量；$\boldsymbol{h}^r=(h_j^r)_{1\times n}$ 表示劳动报酬系数向量。

消费系数 h_i^c 的定义为

$$h_i^c=\frac{f_i^c}{x_{n+1}} \tag{1.8}$$

其中，f_i^c 表示居民对第 i 部门产品的消费量。

劳动者报酬系数 h_j^r 定义为

$$h_j^r=\frac{w_j}{x_j}$$

其中，w_j 表示居民从第 j 部门获得的劳动报酬；x_j 为第 j 部门的总产出。

近几年随着各种新的研究问题的出现，投入产出局部闭模型也在不断被改进和发展。重点主要集中在如何根据不同的属性将居民部门分组，以体现不同组群所表现出的不同的消费模式。例如，Batey 等（1987）以区域投入产出局部闭模型为基础，分析了将居民部门划分为常住居民部门和新流入居民部门所产生的影响。Cloutier 和 Thomassin（1994）则研究了将居民部门按照不同收入水平［如小于 10 000 美元、10 000（含）～20 000 美元……］进行分组所产生的影响。

然而，投入产出局部闭模型所刻画的居民消费行为的局限性却很少有文献涉及。在投入产出局部闭模型中，最终需求中的居民消费被全部内生化，因而消费系数被定义成式（1.8）的形式，其等价于 $f_i^c=h_i^c x_{n+1}$。这说明居民部门对各部门产品的消费只取决于居民的当期收入。然而，根据相对收入假说、生命周期—持久性收入假说、需求系统等相关消费需求理论，居民对各部门产品的消费不仅取决于居民的当期收入，还取决于居民的消费习惯、预期收入、财富、社会因素、利率、人口结构、消费偏好、产品价格等因素。这就产生了现有的投入产出方法所反映的居民消费行为与现代消费理论不一致的问题。根据相关消费理论，居民对各部门产品的消费只有部分是由当期收入决定的，若将居民消费全部内生化，居民部门与生产部门的联系将被夸大，使得基于投入产出局部闭模型的计算结果被扭曲甚至不合实际。对该问题的直观解决方法为：根据相关消费理论将居民消费分解为内生消费和外生消费两个部分。其中，内生消费由居民的当期收入决定，外生消费由其他因素决定。Chen 等（2016）从这一思路出发对投入产出局部闭模型进行了改进，本书第 2 章中将对此进行详细介绍。

1.4 政策模拟与影响分析中常用方法的比较

投入产出模型、投入产出计量经济（input-output econometric，IOE）模型、可计算一般均衡（computational general equilibrium，CGE）模型是政策模拟与影响分析中最为常用的多部门模型。以上模型各有优劣和相应的适应场景，众多学者已从不同角度对它们进行了比较评价，如 Rose（1995）、West（1995）。

1.4.1 投入产出模型

投入产出模型基于严格的产品生产技术间的联系构建得到，这些联系是实证中可得且可验证的具体的生产消耗关系。投入产出模型对生产过程中的所有投入进行了全面核算，投入产出模型中的生产集合包括中间投入和最初投入（劳动力和资本），这比只描述生产过程最初投入的新古典方法更为全面。后来，该生产集合被重新定义为 KLEM（capital，labor，energy，material）生产函数。由于可以考虑生产部门之间的完全联系（直接联系和间接联系），投入产出表和列昂惕夫乘数很大程度地提升了公共政策影响分析能力。由于经典的投入产出模型本质上为数量模型，因此投入产出模型尤其适合在小区域经济分析中使用（小区域的价格可视为外生给定）。自 20 世纪 50 年代中期起，投入产出模型逐渐成为区域经济学的主流，自 *Journal of Regional Science* 创刊以来几乎每一期杂志都有投入产出分析相关的论文发表。由于模型简单透明，易于运行，且便于研究者对测算结果进行核查与解释，投入产出模型仍是当今世界范围内广受欢迎的政策影响分析建模方法之一。作为国民账户体系的核心组成部分，世界上有 100 多个国家编制了本国的投入产出表。

投入产出模型自身也存在一些固有的缺点，并且在一些场景下这些缺点在很大程度上限制了模型的应用。第一，投入产出模型采用了静态固定比例系数。现实中经济体处于不断变化中，产品相对价格的变化、生产技术的变化及规模报酬的变化都会对投入系数产生影响。由于外界冲击持续的时间较长，采用固定比例系数的投入产出模型的测算结果会产生偏误。另外，投入产出模型为线性生产系统，要求投入与产出之间遵从严格的比例关系。在某些情况下该假定对于生产部门可以接受，但对于居民部门来说此假定严格了很多，因为居民对不同产品的消费份额随收入的变化而变化（如恩格尔定律表明食品支出份额随收入增长而下降）。第二，投入产出模型中没有供给端约束。生产过程中，中间投入和初始投入要素可无限供给，价格不起作用。因此，在投入产出模型中，最终需求与初始要素之间没有市场反馈机制。相比较而言，后面将要介绍的投入产出计量经济模型可通过一系列的计量方程来实现市场反馈，CGE 模型使用价格机制和市场出清假定来实现反馈。

总体来看，由于使用平均固定系数，投入产出模型高估了外生冲击的影响。由于无供给约束，若某些部门接近产能水平运行，新的中间需求需要通过进口来满足，或者一些出口的产品需要转向满足国内中间需求，投入产出模型倾向高估影响，尤其是对于区域投入产出模型，产能的约束更为重要。但由于忽略了政府支出和投资支出的诱发效应，投入产出模型低估了外生冲击的影响。尽管存在以上不足，投入产出模型仍是一些复杂的扩展模型建模过程中不可或缺的基本模型，如投入产出计量经济模型。

1.4.2 投入产出计量经济模型

传统的投入产出模型未建立初始投入要素（增加值）与最终需求之间的市场反馈机制。针对这个问题，投入产出计量经济模型通过建立内生计量经济学方程组（通常以弹性形式表示）对经济系统进行闭合，构成了初始投入要素和最终需求之间的反馈循环机制。该模型由多个模块组成，其中主要模块包括投入产出模块、人口统计与劳动力模块、收入与居民消费模块、政府部门模块等。另外，由于计量经济学方程具有动态结构，所以投入产出计量经济模型能够反映经济系统对外部冲击反应的动态变化情况。因此，投入产出计量经济模型可以用于研究影响冲击的短期乘数、滞后乘数和动态长期乘数，并可分析在一段时期发生的动态影响的累积效应。投入产出计量经济模型的规模灵活多变，模型的大小主要取决于研究对象的规模（如地区或国家）和研究目的（如影响分析、预测、人口经济、收入分配、财政政策评估等）。投入产出计量经济模型在保留传统投入产出模型结构的基础上还可纳入传统模型以外的其他变量（如人口统计指标、劳动力、税收）。

可见，投入产出计量经济模型的优势在于利用计量经济学方法建立主要变量间的动态关系，可以清晰展示外生冲击影响产生的时间路径。因此，投入产出计量经济模型一般是动态模型。这些动态关系很多是非线性的，通常以弹性的形式表示。在投入产出计量经济模型中，短期部门的就业、工资可以不随部门产出同比例变化，居民增加的收入可以不按照平均消费倾向来支出。与常规的投入产出模型相比，由于其具有非线性和动态的特性，投入产出计量经济模型可以看作更高级版本的投入产出模型。其缺点是很多纳入投入产出框架的计量经济模型的设置缺乏经济理论基础，以及缺乏对供给约束的描述。

1.4.3 CGE 模型

与投入产出模型相比，CGE 模型增强了对企业、住户、政府等部门的刻画，包含了更多核算账户之间的联系，在对市场信号反应方面进一步考虑了非线性及替代效应，如李善同和何建武（2010）、张欣（2010）。与计量经济—投入产出模型类似，CGE 模型对很多社会经济因素进行了设置，如资源约束、投入替代、价格—数量机制等，CGE 模型与投入产出模型有紧密的关系。Dixon 等（1992）指出一般均衡模型的原型是列昂惕夫的投入产出模型；构建一般均衡模型的数据主要来自投入产出表。在小国假定下，投入产出模型可以看作 CGE 模型的特例（Dervis et al.，1982）。因为，一个地区相对于世界其他地区的经济规模越小，其经济就会越开放。对大多数商品而言，较小区域内的本地生产者不会对区域外的供应和价格产生很大的影响，进口商和出口商通常都是价格的接受者。从长期来看，包括劳动力在内的进口商品将会有完全弹性的供应。因此，当地的相对价格将倾向向国外的相对价格水平靠拢。

CGE 模型在理论上更符合微观经济学理论，具备较强的理论基础，可用于研究的问题比传统投入产出模型要更为广泛。然而，大多数 CGE 模型的实证基础非常薄弱，建立模型时需要对跨境流动、生产结构和家庭行为做出较强的假设。CGE 模型中含有大量的参数，而这些参数通常是无法直接获得的。因此，必须寻找最佳的估计值并进行校正，这将会向模型注入大量未知元素。有证据表明，这些未知因素可能会对模型结果产生重要影响。

另外，CGE 模型基于优化行为及市场均衡的假设，这样的假设比投入产出模型中的比例性假定和同质性假定可能更加严格。最重要的是，如果没有投入产出模型部门间的相互依存性作为其理论核心的一部分，或是没有实际的投入产出表来支持 CGE 模型的可操作性，CGE 模型的价值就会大打折扣。很多经济学家如 Rose（1995）在使用完 CGE 模型后反而更加欣赏投入产出模型。

1.4.4 模型选择

通过上面对三种模型的比较分析可以看出三者各有优势和劣势。投入产出模型的优势是简单透明，模型易于运行，便于研究者对结果进行核查与解释。CGE模型由于考虑了更多的约束和机构部门对市场的行为变化，其应用范围相对更广。但这同时也增加了模型的复杂性，很多情况下对模型结果的核查和解释也变得复杂起来。

很多研究表明，对于同一个研究问题采用以上三种类型的模型（投入产出模型、投入产出计量经济模型、CGE 模型）进行分析经常会得到具有实质性差异的结果。随之而来的问题是：哪个结果更合理，我们应该选择哪个模型。这需要我们在选择一个简单、易于理解的模型与一个复杂、通常难以理解和应用的模型之间做出权衡。个人认为，采用哪种模型，进行何种设置，要看具体的研究问题，在达到研究目的前提下采用的模型越简单越好（KISS 原则，keep it simple and stupid）。

本书将重点介绍投入产出模型在政策模拟和影响分析中的应用。由于居民消费行为在政策模拟中处于关键地位（Mankiw，2015），我们将在投入产出分析框架下结合计量经济模型对居民部门和生产部门通过收入—消费产生的联系进行刻画，进一步基于此建立扩展的投入产出模型。在具体的应用方面，第 2 章中利用投入产出模型对财政刺激计划对 GDP 的短期影响进行模拟测算；第 3 章和第 4 章研究了未来人口变化对中国劳动力职业需求结构的影响；第 5 章在世界投入产出模型框架下就中美贸易摩擦对中美双方 GDP 和就业的影响进行了测算分析。

参 考 文 献

陈锡康. 1992. 中国城乡经济投入占用产出分析. 北京：科学出版社.

陈锡康. 2009. 投入占用产出技术在理论与应用方面的若干重要进展. 中国投入产出学会第七届年会论文集，2007：3-19.

陈锡康，杨翠红. 2011. 投入产出技术. 北京：科学出版社.

李善同，何建武. 2010. 中国可计算一般均衡模型及其应用. 北京：经济科学出版社.

佟仁城. 2001. 几种重要的投入产出乘数和居民部门的作用分析. 系统工程理论与实践，21（9）：79-84.

张欣. 2010. 可计算一般均衡模型的基本原理与编程. 上海：格致出版社.

Batey P W J，Madden M，Weeks M J. 1987. Household income and expenditure in extended input-output models：a comparative theoretical and empirical analysis. Journal of Regional Science，27：341-356.

Baumol W. 2000. Leontief's great leap forward：beyond quesnay，marx and von bortkiewicz. Economic Systems Research，12：141-152.

Chen X K. 1990. Input-occupancy-output analysis and its application in China//Chattezji M，Kuenne R E. Dynamics and Conflict in Regional Structural Change. London、Palgrave Macmillan：267-278.

Chen Q R，Dietzenbacher E，Bart L，et al. 2016. Modeling the short-run effect of fiscal stimuli on GDP：a new semi-closed input-output model. Economic Modelling，58：52-63.

Chen X K，Guo J，Yang C H. 2005. Extending the input-output model with assets. Economic Systems Research，17：211-225.

Chen X K，Guo J，Yang C H. 2008. Yearly grain output predictions in China 1980-2004. Economic Systems Research，20：139-150.

Cloutier M L，Thomassin P J. 1994. Closing the Canadian input-output model：homogeneous vs non-homogeneous household sector specifications. Economic Systems Research，6：397-414.

Dervis K，de Melo J，Robinson S. 1982. General Equilibrium Models for Development Policy. Cambridge：Cambridge University Press.

Dixon P B，Parmenter B R，Powell A A，et al. 1992. Notes and Problems in Applied General Equilibrium Economics. Amsterdam：North-Holland.

Leontief W W. 1936. Quantitative input and output relations in the economic system of the United States. The Review of Economic Statistics，18：105-125.

Leontief W W. 1989. Foreward to the journal of input-output association. Economic Systems Research，1：3-4.

Mankiw N G. 2015. Macroeconomics. 9th ed. New York：Worth Publisher.

Miller R E，Blair P D. 2009. Input-Output Analysis：Foundation and Extension. Cambridge：Cambridge University Press.

Rose A. 1995. Input-output economics and computable general equilibrium models. Structural Change and Economic Dynamics，6：295-304.

West G R. 1995. Comparison of input-output，input-output econometric and computable general equilibrium impact models at the regional level. Economic Systems Research，7：209-227.

第 2 章 财政刺激计划对 GDP 的短期影响研究①

2.1 引 言

2008 年，全球金融危机对中国的经济增长及就业产生了较大的负面影响。中国 GDP 增速从 2007 年的 14.2%跌至 2008 年的 9.6%。根据国家统计局开展的一项调查，城市中大约 1.4 亿来自外地乡村的打工者面临失业，不得不返还家乡②。当面对全球金融危机的不利影响时，财政刺激计划是世界各国政府曾经采取也是预期未来会继续采取的应对方法。为对冲这次金融危机对经济增长产生的影响，缓解经济衰退，中国政府在 2008 年第四季度宣布实施应对金融危机的一揽子计划，该项计划涉及 4 万亿元数目的投资金额，并从 2008 年第四季度持续到 2010 年，计划中的大部分投资项目和基础设施建设相关。国家统计局的数据显示，在 2009 年 GDP 依然维持稳定增长，增幅为 9.4%，在 2010 年大幅上升接近 10.6%。2011 年，GDP 增速再一次放缓，下降至 9.6%。上述增长率数据说明应对金融危机的一揽子计划在短期产生了效果，但是我们很难把刺激计划对经济的促进作用与其他变化的来源分离开来，包括国内的和国外的因素。因此，我们用经济危机开始前的中国经济相关数据来模拟预测计划的效果如何，然后把这一预测性的分析结果同实际的增长率比较，据此对刺激政策的真实作用进行分析③。

从需求侧来看，对基础设施的投资必然直接导致建筑业及与设备工器具相关的产业产出水平提高。增加的产出通过产业部门间的联系继续传导，从而提升了其他上游产业部门的产出。此次刺激过程中，产出水平的提高所带来的居民收入的增加将进一步引起居民消费需求的增加，进而推动生产部门产出的进一步增长。因此，从短期来看，大规模的财政刺激很可能导致 GDP 的大幅提升。但是，如果中间投入品、资本品和消费品的需求一部分是由国外供给满足，则上述对国内产出的促进作用会有所降低。此外，居民可能预期未来收入会受到财政刺激的负面

---

① 本节部分内容来自作者发表的以下期刊文章：Chen Q，Dietzenbacher E，Los B，et al. 2016. Modeling the short-run effect of fiscal stimuli on GDP：a new semi-closed input-output model. Economic Modelling：58，52-63.

② 资料来源：2008 年末全国农民工总量为 22 542 万人，http://www.stats.gov.cn/ztjc/ztfx/fxbg/200903/t20090325_16116.html[2021-08-27]。

③ He 等（2009）做过对影响的估计，但忽略了生产和收入之间的关联性，此外考虑到研究的时效性，很难将它们的预测结果和实际结果做对比。

影响。例如，居民可能预期政府未来会通过提高税率等方式，弥补由大规模支出而引起的财政赤字，其未来的收入可能会受到负面影响。因此，居民可能会将当期增加的收入转向储蓄账户，而不是增加当期消费。

本章中，我们将建立能合理地体现应对金融危机的一揽子计划短期效应的指标，使用产业层面而不是宏观层面的指标来进行测算。因为不同最终产品的生产过程所需的投入各不相同（如资本、劳动力、国内生产和进口的中间投入），一种产品需求的增加可能会比其他产品需求的增加对生产的影响更大。所以，我们在构建指标时应以投入产出表和相关模型为基础，并充分考虑财政刺激计划的具体构成及其可能引起的间接影响。另外，由于不同最终产品生产过程中产生的进口效应各不相同，投入产出模型能对这些效应做出更为准确的估计。但关于前文提到的储蓄效应，传统的投入产出模型很难对此进行量化。一方面，在使用较多的静态投入产出模型中，居民消费（和储蓄）水平对可支配收入的变动反应完全不敏感，另一方面，传统的投入产出局部闭模型尽管考虑了收入与消费之间的关系，但假定当期消费完全由当期收入决定（Miyazawa，1976；Batey et al.，1987；Dietzenbacher and Senesen，2003；Yang et al.，2008）。根据学界广泛接受的消费行为理论（如相对收入假说和生命周期—持久收入假说），居民消费也受过去消费水平、未来收入预期等因素影响，这些因素可能会对居民消费的增加产生抑制作用。因此，传统的投入产出局部闭模型可能会高估居民部门和生产部门之间的联系，从而在正向收入冲击下对 GDP 影响的估计产生向上的偏差。

为解决此问题，本章构建了一个新型的投入产出局部闭模型，它融合了投入产出分析和现代消费理论。其中，居民消费分为内生消费和外生消费两个部分。内生消费由当期居民收入决定，而外生消费不受当期收入影响。财政刺激只会导致内生消费水平的变化和相应产出的增长。利用该模型将应对金融危机的一揽子计划对中国 GDP 的短期影响进行了测算。

2.2　投入产出局部闭模型

传统的投入产出模型可以用公式 $\boldsymbol{x}=(\boldsymbol{I}-\boldsymbol{A})^{-1}(\boldsymbol{c}+\boldsymbol{f}+\boldsymbol{e})$ 来表示，其中，$\boldsymbol{x}$ 代表总产出向量，$\boldsymbol{A}$ 代表国内投入系数矩阵，$\boldsymbol{c}$ 代表居民消费向量，$\boldsymbol{f}$ 代表除居民消费以外的其他最终需求，$\boldsymbol{e}$ 代表出口向量，$\boldsymbol{I}$ 代表单位矩阵。在传统的投入产出模型中，居民消费看作外生最终需求，所以切断了生产部门和居民部门之间的联系。然而事实上居民部门与生产部门通过收入—消费的关系紧密联系在一起。住户从生产部门中获得收入，接着利用所获收入购买生产部门的产品。传统投入产出模型中计算的列昂惕夫逆矩阵考虑了生产部门之间的所有联系，但没有考虑居民部门和生产部门建立在收入—消费上的联系。

为了将收入—消费关系纳入投入产出模型中，许多研究者对投入产出局部闭模型进行了研究。在这个模型中，居民部门被转移到中间交易矩阵中，并被视为一个内生部门。居民部门的投入是消费掉的商品，其产出是劳动力。根据 Miyazawa（宫泽）公式（Miyazawa，1976），投入产出局部闭模型的基本结构如下：

$$\begin{bmatrix} \boldsymbol{A} & \bar{\boldsymbol{\alpha}} \\ \boldsymbol{w}^{\mathrm{T}} & \boldsymbol{0} \end{bmatrix} \begin{bmatrix} \boldsymbol{x} \\ x_{n+1} \end{bmatrix} + \begin{bmatrix} \boldsymbol{f}+\boldsymbol{e} \\ h \end{bmatrix} = \begin{bmatrix} \boldsymbol{x} \\ x_{n+1} \end{bmatrix} \tag{2.1}$$

与传统投入产出模型相似，$\boldsymbol{A}=(a_{ij})_{n\times n}$ 表示国内投入系数的矩阵，$\boldsymbol{x}=(x_i)_{n\times1}$ 表示生产部门总产出向量，$\boldsymbol{f}=(f_i)_{n\times1}$ 表示除居民消费以外的其他最终需求（包括政府消费和资本形成），$\boldsymbol{e}=(e_i)_{n\times1}$ 表示出口向量。把居民部门当作第（$n+1$）个产业部门放入投入产出局部闭模型中，x_{n+1} 是居民总收入，h 是居民部门的外生收入，$\bar{\boldsymbol{\alpha}}=(\bar{\alpha}_i)_{n\times1}$ 是消费系数向量，$\boldsymbol{w}=(w_j)_{n\times1}$ 是劳动报酬系数向量[①]。消费系数 $\bar{\alpha}_i$ 定义式是 $\bar{\alpha}_i=c_i/x_{n+1}$，此式中，$c_i$ 是家庭部门对第 i 产业产品的消费，劳动报酬系数 $w_j=h_j/x_j$，h_j 代表第 j 个产业部门支付的劳动报酬。

先前的研究已经指出经典的投入产出局部闭模型没有准确地描述实际的居民消费行为，因为模型中的消费系数被假定为常数，忽略了不同类型家庭消费模式之间的差异（Batey et al.，1987；Batey and Weeks，1989；Cloutier and Thomasin，1994；Wakabayashi and Hewings，2007；Miller and Blair，2009）。固定的消费系数反映了居民部门将固定比例 $\bar{\alpha}_i$ 的额外收入用于消费产品 i，不考虑家庭收入的额外数额，这是一个相当强的假设，因为它没有区分新就业者的收入和现有就业者的额外收入。另外许多关于恩格尔定律的实证研究表明，不同家庭的消费模式不同，收入水平、年龄等因素都会对居民消费模式产生一定影响[②]。

我们发现，当前的研究对投入产出局部闭模型的另一个局限性关注很少。在投入产出局部闭模型中，家庭消费是完全内生的。由消费系数的定义式 $\bar{\alpha}_i=c_i/x_{n+1}$ 可以看出，居民消费仅取决于当前收入。然而，一些广受认可的消费行为理论认为，当前的消费不仅取决于当前收入，而且还取决于很多其他因素。例如，根据 Duesenberry（1949）的相对收入假说，当前消费也受到之前最高消费水平的影响，因为随着时间的推移，消费行为变动呈单向性，上升后难以逆行，一旦到达一个新的较高的消费水平，家庭住户很难重新降低消费水平。根据 Friedman（1957）、Ando 和 Modigliani（1963）、Hall（1978）提出的生命周期永久收入假说，得到消

① 在 Miyazawa 模型中，$\boldsymbol{w}$ 是一个增加值率（单位产出创造的增加值）向量。根据 Miller 和 Blair（2009）对 Miyazawa 模型的描述，$\boldsymbol{w}$ 是劳动报酬系数向量，用劳动报酬除以该行业总产出得到劳动报酬系数，劳动报酬与增加值差异的来源主要是资本收入。

② 解决这个问题的一种办法是根据具体特征将居民部门分成若干组。比如，可以把居民部门根据收入水平分为几类（Cloutier and Thomasin，1994）。在这种情况下，应考虑到收入群体的流动性，由政府支出增加引起的经济增长可能导致家庭从一个特定收入特征群体转向另一个特定收入特征群体。

费者具有前瞻性（forward-looking）。消费者可以根据他们的计划和预期提前或推迟消费，以便实现最大化消费效用。可见，这些广为接受的消费理论与 Miyazawa 模型的假定并不一致，使用 Miyazawa 模型可能导致居民部门与生产部门之间的联系被高估。因此，使用传统投入产出局部闭模型对外部冲击对产出和就业的影响进行估计可能会产生正向有偏的结果。因此，我们需要建立一个新的模型来估计中国政府大规模经济刺激计划带来的影响，将投入产出分析与现代消费理论相协调。要做到这一点，首先要把居民消费分解为两个部分，即内生消费和外生消费。前者由当期收入决定，后者由其他因素决定。其中，只有内生消费才应纳入投入系数矩阵中。

2.3　新的投入产出局部闭模型

2.3.1　框架

投入产出模型的实证分析需要使用投入产出表，本节构建模型所用的扩展的投入产出表如表 2.1 所示。

表 2.1　扩展的投入产出表示意图

产出 投入	产业部门				住户部门		其他国内最终需求	出口	外生性收入	总产出
	1	2	…	n						
产业部门 1	$Z=(z_{ij})_{n\times n}$				c_1^{en}	c_1^{ex}	f_1	e_1		x_1
产业部门 2					c_2^{en}	c_2^{ex}	f_2	e_2		x_2
⋮					⋮	⋮	⋮	⋮		⋮
产业部门 n					c_n^{en}	c_n^{ex}	f_n	e_n		x_n
住户部门	h_1	h_2	…	h_n					h	x_{n+1}
其他增加值	v_1	v_2	…	v_n						
进口	m_1	m_2	…	m_n	c_m^{en}	c_m^{ex}	f_m			
住户收入所得税及储蓄					v					
总投入	x_1	x_2	…	x_n	x_{n+1}					

表 2.1 的第一个重要特征是进口已从中间投入流量、居民消费和其他最终需求中分离出来。对国内品和进口品流量的区分可避免经济刺激计划对其他国家产生的影响无意中计入对中国经济的影响。其中，$\boldsymbol{Z}=(z_{ij})_{n\times n}$ 表示国内生产

活动的中间投入矩阵；z_{ij}表示中国的j部门对i部门的中间使用量；m_j表示j部门使用的进口产品总值。

表2.1的第二个重要特征是居民消费的表示形式。如前一节所述，由于区分了内生消费和外生消费，消费增长与收入增长的关联度降低。我们在表2.1中将居民消费分为内生消费与外生消费两列，而不是传统投入产出表中的一列。其中，c_i^{en}和c_i^{ex}分别表示居民部门对产业部门i的内生消费和外生消费；c_m^{en}和c_m^{ex}分别表示居民部门对进口品的内生消费和外生消费。

表2.1中的其余列在本章中涉及较少。f_i表示产业部门i用于除居民消费以外的其他最终需求的国内品，而f_m表示用于除居民消费以外的其他最终需求的进口品。e_i表示产业部门i的出口，x_i表示产业部门i的总产出①。

表2.1的最后一列中，x_{n+1}表示居民总收入，等于h_j（居民从部门j中得到的内生收入）和h（居民外生收入）之和。外生收入是投入产出表记录的时期内与生产无关的收入，财富收入和转移收入是外生收入的重要来源；内生收入源于生产所得的劳动报酬，包括劳动者报酬和个体经营者收入，如个体店主和农户的收入。

v_j表示j部门产生的其他增加值，等于j部门增加值减去劳动报酬h_j；v表示所得税和居民储蓄向量，等于居民总收入减去居民总消费（包括外生和内生消费）②。

2.3.2 模型

从表2.1中我们可以得出以下生产部门和家庭部门之间的数量关系式：

$$\sum_{j=1}^{n} z_{ij} + c_i^{\text{en}} + c_i^{\text{ex}} + f_i + e_i = x_i \quad (i = 1, 2, \cdots, n)$$

$$\sum_{j=1}^{n} z_{ij} + f_i = x_i \quad (i = 1, 2, \cdots, n) \tag{2.2}$$

$$\sum_{j=1}^{n} h_{ij} + h = x_{n+1} \tag{2.3}$$

$$\sum_{j=1}^{n} z_{ij} + m_j + h_j + v_j = x_j \quad (j = 1, 2, \cdots, n) \tag{2.4}$$

---

① 为了与中国的投入产出表保持一致，本章使用的所有收入概念都是指税前收入。在表2.1中，收入所得税是x_{n+1}的一部分。

② 在一些研究的分析框架中（Cloutier and Thomasin，1994；Miller and Blair，2009），表2.1的阴影区域有正值，定义为家庭购买的劳务。我们在框架中将它们设置为0，因为中国投入产出表中包含了一个单独的行业为居民服务和其他社会服务。2.4节将详细描述如何在我们的新框架中构造居民部门的投入（列向）和产出（行向）。

$$\sum_{i=1}^{n} c_i^{\text{en}} + c_m^{\text{en}} + \sum_{i=1}^{n} c_i^{\text{ex}} + c_m^{\text{ex}} + v = x_{n+1} \tag{2.5}$$

式（2.2）表示每个行业的总产出（x_i）的使用去向：中间使用$\left(\sum_{j=1}^{n} z_{ij}\right)$、内生消费（$c_i^{\text{en}}$）、外生消费（$c_i^{\text{ex}}$）、其他国内最终需求（$f_i$）、出口（$e_i$）。式（2.3）表示，内生收入的总和$\left(\sum_{j=1}^{n} h_{ij}\right)$和外生收入（$h$）等于总收入（$x_{n+1}$）。式（2.4）表示，各产业的总产值（$x_j$）由国内中间投入$\left(\sum_{j=1}^{n} z_{ij}\right)$、进口中间投入（$m_j$）和初始投入（$h_j + v_j$）组成。式（2.5）表示居民总收入（$x_{n+1}$）流向居民消费$\left(\sum_{i=1}^{n} c_i^{\text{en}} + c_m^{\text{en}} + \sum_{i=1}^{n} c_i^{\text{ex}} + c_m^{\text{ex}} + v\right)$，以及所得税和储蓄（$v$）。

在推导模型之前，先给出有关符号的含义。

$\boldsymbol{A} = (a_{ij})_{n\times n}$ 是国内投入系数矩阵，$a_{ij} = z_{ij} / x_j$。

$\boldsymbol{w} = (w_j)_{n\times 1}$ 是内生收入系数列向量，$w_j = h_j / x_j$。

$\boldsymbol{\alpha} = (\alpha_i)_{n\times 1}$ 是内生性国内产品消费系数列向量，$\alpha_i = c_i^{\text{en}} / x_{n+1}$。

$\boldsymbol{g} = (g_i)_{n\times 1}$ 是外生性国内产品最终需求列向量，$g_i = c_i^{\text{ex}} + f_i + e_i$。

式（2.2）和式（2.3）可以转化成如下形式：

$$\begin{cases} \sum_{j=1}^{n} a_{ij} x_j + \alpha_i x_{n+1} + g_i = x_i \ (i = 1, 2, \cdots, n) \\ \sum_{j=1}^{n} w_j x_j + h = x_{n+1} \end{cases} \tag{2.6}$$

以矩阵形式表示为

$$\begin{bmatrix} \boldsymbol{A} & \boldsymbol{\alpha} \\ \boldsymbol{w}^{\mathrm{T}} & \boldsymbol{0} \end{bmatrix} \begin{bmatrix} \boldsymbol{x} \\ x_{n+1} \end{bmatrix} + \begin{bmatrix} \boldsymbol{g} \\ h \end{bmatrix} = \begin{bmatrix} \boldsymbol{x} \\ x_{n+1} \end{bmatrix} \tag{2.7}$$

求解式（2.7）可得到如下模型：

$$\boldsymbol{x}^* = (\boldsymbol{I} - \boldsymbol{A}^*)^{-1} \boldsymbol{g}^* = \boldsymbol{L}^* \boldsymbol{g}^* \tag{2.8}$$

其中，$\boldsymbol{A} = \begin{bmatrix} \boldsymbol{A} & \boldsymbol{\alpha} \\ \boldsymbol{w}^{\mathrm{T}} & \boldsymbol{0} \end{bmatrix}$；$\boldsymbol{x}^* = \begin{bmatrix} \boldsymbol{x} \\ x_{n+1} \end{bmatrix}$；$\boldsymbol{g}^* = \begin{bmatrix} \boldsymbol{g} \\ h \end{bmatrix}$；$\boldsymbol{L}^* = (\boldsymbol{I} - \boldsymbol{A}^*)^{-1}$。

$\boldsymbol{L}^*$ 为扩展的列昂惕夫逆矩阵，其表达式有以下两种形式（本章附录给出了具体的求解过程）：

$$\boldsymbol{L}^* = (\boldsymbol{I} - \boldsymbol{A}^*)^{-1} = \begin{bmatrix} \boldsymbol{L}_{11}^* & \boldsymbol{l}_{12}^* \\ \boldsymbol{l}_{21}^* & l_{22}^* \end{bmatrix}$$

$$=\begin{bmatrix} \boldsymbol{L}[\boldsymbol{I}+\boldsymbol{\alpha}(1-\boldsymbol{w}^{\mathrm{T}}\boldsymbol{L}\boldsymbol{\alpha})^{-1}\boldsymbol{w}^{\mathrm{T}}\boldsymbol{L}] & \boldsymbol{L}\boldsymbol{\alpha}(1-\boldsymbol{w}^{\mathrm{T}}\boldsymbol{L}\boldsymbol{\alpha})^{-1} \\ (1-\boldsymbol{w}^{\mathrm{T}}\boldsymbol{L}\boldsymbol{\alpha})^{-1}\boldsymbol{w}^{\mathrm{T}}\boldsymbol{L} & (1-\boldsymbol{w}^{\mathrm{T}}\boldsymbol{L}\boldsymbol{\alpha})^{-1} \end{bmatrix} \quad (2.9)$$

$$=\begin{bmatrix} (\boldsymbol{I}-\boldsymbol{A}-\boldsymbol{\alpha}\boldsymbol{w}^{\mathrm{T}})^{-1} & (\boldsymbol{I}-\boldsymbol{A}-\boldsymbol{\alpha}\boldsymbol{w}^{\mathrm{T}})^{-1}\boldsymbol{\alpha} \\ \boldsymbol{w}^{\mathrm{T}}(\boldsymbol{I}-\boldsymbol{A}-\boldsymbol{\alpha}\boldsymbol{w}^{\mathrm{T}})^{-1}\boldsymbol{\alpha} & 1+\boldsymbol{w}^{\mathrm{T}}(\boldsymbol{I}-\boldsymbol{A}-\boldsymbol{\alpha}\boldsymbol{w}^{\mathrm{T}})^{-1}\boldsymbol{\alpha} \end{bmatrix} \quad (2.10)$$

其中，$\boldsymbol{L}=(\boldsymbol{I}-\boldsymbol{A})^{-1}$。式（2.9）给出了扩展的列昂惕夫逆矩阵的各子矩阵和列昂惕夫逆矩阵 $\boldsymbol{L}$ 的关系。

2.3.3　乘数

基于扩展的列昂惕夫逆矩阵 $\boldsymbol{L}^{*}$ 可以推导出下面一些有用的乘数。

1. 产出乘数向量

$\boldsymbol{m}(o)=[m_1(o),m_2(o),\cdots,m_n(o)]=\boldsymbol{i}^{\mathrm{T}}\boldsymbol{L}_{11}^{*}$，其中 $\boldsymbol{i}^{\mathrm{T}}=(1,1,\cdots,1)$ 表示求和向量。$m_j(o)$ 表示满足单位 j 部门外生最终需求对全社会所有生产部门产出的需要量。其为需求拉动的产出乘数，还可以推导出收入拉动的产出乘数 $\boldsymbol{i}^{\mathrm{T}}\boldsymbol{l}_{12}^{*}$，表示单位居民外生收入所诱发的全社会所有生产部门的产出量。

2. 多部门收入乘数向量

$\boldsymbol{m}(i)=[m_1(i),m_2(i),\cdots,m_n(i)]=\boldsymbol{l}_{21}^{*}$，$m_j(i)$ 表示单位 j 部门外生最终需求所能完全产生的居民收入。Miyazawa（1976）将其称为多部门收入乘数（multi-sector income multiplier）。

3. 互相关收入乘数矩阵

如果将居民部门分组，即模型中有多个居民部门，此时 $\boldsymbol{l}_{22}^{*}$ 为矩阵。其表示一个组收入的变化对各个组收入所产生完全的影响。Miyazawa（1976）将其称为互相关收入乘数（interrelational income multiplier），用来描述各组收入之间的相互关联关系。该乘数在收入分配问题的研究中应用较多。

4. 内生消费乘数矩阵

$\boldsymbol{M}(\mathrm{enc})=\boldsymbol{\alpha}\boldsymbol{l}_{21}^{*}=(\boldsymbol{I}-\boldsymbol{\alpha}\boldsymbol{w}^{\mathrm{T}}\boldsymbol{L})^{-1}-\boldsymbol{I}$，$\boldsymbol{M}(\mathrm{enc})$ 中的元素 $m_{ij}(\mathrm{enc})$ 表示单位 j 部门外生最终需求所诱发的居民对 i 部门产品的消费量。

5. 增加值乘数矩阵

增加值乘数矩阵为 $\boldsymbol{M}(\boldsymbol{\omega})=\hat{\boldsymbol{\omega}}\boldsymbol{L}_{11}^{*}$，$\hat{\boldsymbol{\omega}}$ 为对角矩阵，主对角线为各部门增加值系

数：$\boldsymbol{\omega}^{\mathrm{T}}=[(v_1+h_1)/x_1,(v_2+h_2)/x_2,\cdots,(v_n+h_n)/x_n]$。$\boldsymbol{M}(\boldsymbol{\omega})$ 中的元素 $m_{ij}(\boldsymbol{\omega})$ 表示由一单位 j 部门的外生最终需求拉动的 i 部门（包含直接和间接计算的）总增加值。使用这一乘数即可估计经济刺激计划对中国 GDP 的短期效应。

2.3.4　消费分解

为了使新的投入产出局部闭模型可操作性更强，我们需要用一个特定的消费分解公式将居民消费分为内生消费（由当前居民收入决定）和外生消费（其他因素决定）。根据相对收入假说、生命周期—永久收入假说相关理论，除了当前收入外，还有许多其他因素影响总消费，如过去的消费水平（Duesenberry，1949；Dennis，2009）、未来收入预期（Carroll，1994；Muellbauer and Lattimore，1999；Luengo-Prado and Sørensen，2008）、利率（Attanasio and Weber，1993；Erlandsen and Nymoen，2008）及人口结构（Erlandsen and Nymoen，2008）。此外，关于消费者偏好的研究（Clements and Selvanathan，1994；Barnett and Serletis，2008）表明产品价格和消费者偏好在决定消费预算中的产品支出份额方面发挥着重要作用。考虑到以上方面，我们将消费分解公式设定为

$$\begin{cases} c_{it}=c_{it}^{\mathrm{en}}+c_{it}^{\mathrm{ex}} \\ c_{it}^{\mathrm{en}}=\alpha_{it}(\tilde{e},r,d,p,\lambda,\cdots)x_{(n+1)t} \\ c_{it}^{\mathrm{ex}}+\beta_i c_{i(t-1)}+\varepsilon_{it} \end{cases} \tag{2.11}$$

其中，c_{it} 表示产品 i 的居民消费总量；α_{it} 和 $x_{(n+1)t}$ 分别表示产品 i 的内生消费系数和居民总收入，二者共同决定了内生消费 c_{it}^{en}。式（2.11）的第二个方程表明，内生消费系数 α_{it} 的大小取决于家庭对其未来收入的期望 $\tilde{e}$、利率 r、人口特征 d、产品价格指数 p、偏好参数 λ 和其他因素。由于这些因素通常会随时间变化，因此设定的内生消费系数 α_{it} 也随时间变化。正如上一节所讨论的，一旦达到某一消费水平，居民消费水平很难降低，以前的消费高峰是当前消费的重要决定因素。由于总消费通常处于增长中，使用前一年的消费 $c_{i(t-1)}$ 作为近期消费最高点的衡量。假设参数 β_i 随着时间推移是稳定的，它决定了之前的消费高峰对当前家庭消费的影响。β_i、$c_{i(t-1)}$ 和随机误差项 ε_{it} 共同决定了外生消费。

函数 α_{it} 的估计是建立消费分解公式的关键。然而，它的一些决定因素是不可观测的，并且很难找到良好的代理变量。此外，其函数形式也很难确定，因为并不清楚居民如何衡量各个影响因素的作用。考虑到这些困难，我们假设居民对内生消费系数的影响因素（即 $\tilde{e},r,d,p,\lambda,\cdots$）具有理性预期。这个假设指出，居民使用到目前为止所有可用信息来对影响因素的未来动态变化做出最佳预测。在任何时候，居民都根据他们对未来影响因素水平的预期来选择内生消费系数，从而

实现一生效用的最大化。只有当居民收到新的（不可预测的）信息，并且这些信息改变了他们对影响因素的期望，居民才会调整内生消费系数。理性预期假设意味着内生消费系数遵循随机游走过程(Hall, 1978; Mankiw, 2010)：$\alpha_{it} = \alpha_{i(t-1)} + \mu_{it}$，$\mu_{it} \sim \text{NIID}(0, \sigma_{\mu_i}^2)$。由于改变居民对影响因素期望的新信息不可预测，因此使用白噪声 $\mu_{it} \sim \text{NIID}(0, \sigma_{\mu_i}^2)$ 表示。

根据上述讨论，可使用卡尔曼滤波并结合极大似然估计方法（本章附录），对时变参数的消费分解公式进行估计：

$$\begin{cases} c_{it} = \alpha_{it} x_{(n+1)t} + \beta_i c_{i(t-1)} + \varepsilon_{it} \\ \alpha_{it} = \alpha_{i(t-1)} + \mu_{it} \end{cases} \tag{2.12}$$

它由测量方程$[c_{it} = \alpha_{it} x_{(n+1)t} + \beta_i c_{i(t-1)} + \varepsilon_{it}]$和转移方程$[\alpha_{it} = \alpha_{i(t-1)} + \mu_{it}]$组成，其中假定 ε_{it} 和 μ_{it} 为相互独立的高斯扰动项。测量方程定义了观测值（消费 c_{it}）是如何从不可观测的状态（内生消费系数 α_{it}）中得到的。转换方程解释了不可观测状态（内生消费系数 α_{it}）如何随时间演变。如前所述，我们假设它遵循随机游走过程①。我们的目标是从带有噪声的测量值（c_{it}）中复原出不可观测状态（α_{it}）。根据估计结果，我们可以很容易地得到内生消费 $c_{it}^{\text{en}} = \hat{\alpha}_{it} x_{n+1}$（由当前家庭收入和内生消费系数共同决定的消费）和外生消费 $c_{it}^{\text{ex}} = c_{it} - c_{it}^{\text{en}}$（由其他因素决定的消费）。

2.4　新模型的应用：中国应对金融危机的一揽子计划

本节将使用新的投入产出局部闭模型进行实证研究，选择的实例为中国政府在 2008 年施行的应对金融危机的一揽子计划。这一选择有两个优点。第一，可将模型的测算结果与其他类型模型的测算结果进行比较（已有不少对于这一计划的研究成果）；第二，可将模型的测算结果与政府投资后的中国 GDP 的实际变化进行比较。本节将重点说明利用该模型进行实证研究的具体步骤，模型的测算结果将在下一节讨论。

2.4.1　八大类消费的内生消费系数

由于中国的投入产出表每五年公布一次，估计式（2.12）所需的时间序列数据无法从投入产出表中获取。《中国统计年鉴》中给出了通过住户调查得到的城乡居民人均收入水平，以及居民的八大类消费支出：食品；衣着；居住；家庭

① Engle 和 Watson（1987）发现，对于许多数据集，将转移方程设置为简单随机游走对于预测测量方程的因变量效果良好。

设备、设施和服务；医疗保健；交通通信；教育、文化和娱乐服务；其他商品和服务。

为了获得这八项消费对应的内生消费系数，应进行两步处理。首先，将城乡人均居民收入分别与城乡人口数量相乘，得到两种居民总收入。同样也可以得到居民对这八项消费的总支出。其次，为了让不同年份数据具有可比性，将每种消费需求以对应的消费价格指数做可比价处理，居民总收入以总消费价格指数做可比价处理。利用处理后的数据，采取卡尔曼滤波结合极大似然估计方法分别对每类消费的分解公式进行估计。

表 2.2 显示了 1989 年至 2008 年内生消费系数 α_{it} 的变化。这一时期内食品的内生消费系数呈现下降趋势，这与恩格尔定律一致。恩格尔定律指出，随着收入水平的提高，由收入的增加而导致的基本产品消费的增加量逐渐下降。居住类消费的内生消费系数也有所下降。然而，家庭设备、设施和服务，交通通信的内生消费系数呈现上升趋势。衣着类的内生消费系数经历了三个阶段的变化，从 1989 年到 1996 年呈上升趋势，从 1997 年到 1998 年呈下降趋势，然后从 1999 年到 2008 年又呈上升趋势。医疗保健，教育、文化和娱乐服务的内生消费系数保持相对稳定。内生消费系数的变化反映出一些重要事件的影响。例如，在 2003 年，我国遭受了 SARS（severe acute respiratory syndrome，严重急性呼吸综合征）的打击，这阻止了许多消费者进行户外购物。2002～2003 年，我国几乎所有消费种类的内生消费系数全部下降，总内生消费系数下降 5.4%。2008 年，全球金融危机也对居民消费产生了负面影响。悲观的预期导致了更为谨慎的消费行为，这可能是 2007 年至 2008 年总内生消费系数下降 4.7%的主要原因。

表 2.2　消费分解公式的估计结果

项目		F	C	H	HFS	HM	TC	ECR	M	AC
$\hat{\beta}_i$		0.500	0.395	0.708	0.282	0.523	0.926	0.653	0.785	
$\hat{\alpha}_{it}$	1989 年	0.221	0.054		0.051					
	1990 年	0.252	0.057		0.051					
	1991 年	0.238	0.062		0.053					
	1992 年	0.220	0.064		0.054					
	1993 年	0.223	0.069	0.029	0.056			0.020		
	1994 年	0.204	0.070	0.029	0.059	0.013	0.009	0.022		0.406
	1995 年	0.198	0.070	0.030	0.059	0.014	0.009	0.024		0.404
	1996 年	0.191	0.070	0.029	0.061	0.016	0.010	0.025		0.402
	1997 年	0.181	0.060	0.029	0.060	0.016	0.011	0.027		0.384
	1998 年	0.172	0.052	0.029	0.059	0.016	0.013	0.030		0.371

续表

项目		F	C	H	HFS	HM	TC	ECR	M	AC
$\hat{\alpha}_{it}$	1999 年	0.171	0.053	0.029	0.060	0.018	0.016	0.032	0.0068	0.386
	2000 年	0.168	0.055	0.028	0.060	0.023	0.019	0.033	0.0092	0.395
	2001 年	0.159	0.057	0.028	0.059	0.022	0.020	0.031	0.0074	0.383
	2002 年	0.159	0.058	0.026	0.057	0.025	0.023	0.033	0.0063	0.387
	2003 年	0.143	0.058	0.025	0.056	0.024	0.024	0.031	0.0047	0.366
	2004 年	0.138	0.060	0.024	0.055	0.025	0.025	0.031	0.0062	0.364
	2005 年	0.137	0.069	0.024	0.057	0.028	0.028	0.030	0.0072	0.380
	2006 年	0.126	0.069	0.025	0.058	0.024	0.027	0.030	0.0068	0.366
	2007 年	0.116	0.073	0.025	0.062	0.025	0.028	0.030	0.0068	0.365
	2008 年	0.108	0.075	0.025	0.063	0.025	0.020	0.026	0.0064	0.348

注：①F = 食品；C = 衣着；H = 居住；HFS = 家庭设备、设施和服务；HM = 医疗保健；TC = 交通通信；ECR = 教育、文化和娱乐服务；M = 其他商品和服务；AC = 总消费。②由于数据可获得性的差异，估计时间序列的长度因类别而异。总内生消费系数是 F、C、H、HFS、HM、TC、ECR 和 M 的内生消费系数之和。③对于选择不同的原始数据进行极大似然估计，估计结果是稳健的

基于对时变参数模型的估计，我们计算了 2000 年至 2008 年各产品类别的消费增长，并利用式（2.13）将其分解为内生消费和外生消费带来的变动。该方程的左边给出了时期 t 和 $t+s$ 之间的总消费量变化。三个变化源对总变化的贡献由等式的右边表示。第一项表示由估计的内生消费量 E_{en} 引起的变化，第二项表示由估计的外生消费量 $E_{c_{t-1}}$ 引起的变化，第三项表示残差项的变动。

$$c_{i(t+s)} - c_{it} = [\hat{\alpha}_{i(t+s)} x_{(n+1)(t+s)} - \hat{\alpha}_{it} x_{(n+1)t}] + [\hat{\beta}_i c_{i(t+s-1)} - \hat{\beta}_i c_{i(t-1)}] + [\hat{\varepsilon}_{i(t+s)} - \hat{\varepsilon}_{it}] \quad (2.13)$$

表 2.3 中的分解结果表明，三个决定因素的贡献因消费类别而异。在居住，教育、文化和娱乐服务，特别是交通通信方面，外生增长占主导地位。这些消费类别的 β 系数相对较高，见表 2.2 第一行。这些产品类别消费的增长主要取决于习惯性消费水平或稳定预期。衣着，家庭设备、设施和服务的消费增长模式以内生增长为主。这些消费类别的 β 系数相对较低。这意味着这些产品类别的消费主要取决于家庭当前的收入。对于食品、医疗保健，我们发现外生和内生消费的贡献大致相等。对于所有消费类别来说，残差项的贡献都很小。

总的来说，消费模式在不同国家也有不同表现（Clements et al.，2006；Lyons et al.，2009）。因此，我们的结果只能与其他国家的现状部分相符，这是合理的。在 Lyons 等（2009）对爱尔兰经济的研究中，也发现消费者会将额外的收入投入衣着与家庭设备、设施和服务两种消费类别中。而 Karagiannis 和 Velentzas（2004）在对希腊的研究中发现，当期收入变化是所有产品类别需求变化的主要动力。

表 2.3　内生消费和外生消费对总消费增长变动的影响（2000～2008 年）

消费类别	ΔC /亿元	E_{en} /亿元	E_{ex} /亿元	
			$E_{c_{t-1}}$ /亿元	E_{ε} /亿元
食品	2598.0	1306.3（50.3%）	1298.5（50.0%）	−6.7（−0.3%）
衣着	2717.6	1799.0（66.2%）	906.8（33.4%）	11.8（0.4%）
居住	1137.0	459.9（40.4%）	686.1（60.4%）	−9.1（−0.8%）
家庭设备、设施和服务	1700.9	1311.6（77.1%）	412.3（24.2%）	−23.0（−1.3%）
医疗保健	1067.7	532.2（49.8%）	537.9（50.4%）	−2.4（−0.2%）
交通通信	3425.0	417.1（12.2%）	3131.5（91.4%）	−123.5（−3.6%）
教育、文化和娱乐服务	1247.7	422.1（33.8%）	856.5（68.6%）	−30.8（−2.5%）
其他商品和服务	408.6	88.3（21.6%）	322.7（79.0%）	−2.4（−0.6%）

注：ΔC 表示总消费增加额；E_{en} 表示内生消费带来的变动量；E_{ex} 表示外生消费带来的变动量，由上期消费 $E_{c_{t-1}}$ 带来的变动和残差项 E_{ε} 组成。括号中的值是以百分比形式表示的每个组成部分的贡献份额

2.4.2　八大类消费与投入产出部门消费的转换

为了量化应对金融危机的一揽子计划的效果，我们需要将消费水平的变化与投入产出表联系起来。与中国投入产出表中的行业分类相比，上一节分析的消费分类要粗略得多。为了将八大类消费与投入产出表中的行业联系起来，我们需要一个转换矩阵：

$$\boldsymbol{c}^{*} = \boldsymbol{B}\tilde{\boldsymbol{c}} \tag{2.14}$$

其中，$\boldsymbol{c}^{*}$ 表示投入产出部门的消费水平向量；$\tilde{\boldsymbol{c}}$ 表示八大类商品的居民消费水平。矩阵 $\boldsymbol{B}=(b_{ij})_{n\times m}$ 中的元素 b_{ij} 是投入产出部门 i 提供的消费品在第 j 大类消费中的份额（n 为投入产出表对应的部门数，m 为消费大类数）。

Lanscarter（1966）认为消费活动和生产活动一样也有投入与产出。其投入为各种用于消费活动的产品，产出则为各种消费活动，如进行食品消费活动需要投入农产品、食品加工业产品、餐饮服务、居民服务等。因此对应生产活动的技术系数矩阵，消费活动也应该有一个消费技术系数矩阵 $\boldsymbol{B}$：

$$\boldsymbol{B}=\begin{bmatrix} b_{11} & b_{12} & \cdots & b_{1m} \\ b_{21} & b_{22} & \cdots & b_{2m} \\ \vdots & \vdots & & \vdots \\ b_{n1} & b_{n2} & \cdots & b_{nm} \end{bmatrix}$$

矩阵 $\boldsymbol{B}$ 共有 n 行 m 列，分别表示了 n 种产品和 m 种消费活动。其中的元素 b_{ij} 表示进行单位数量第 j 种消费活动需要投入第 i 种产品的数量。从这个意义来看，可将 m 大类消费活动的内生消费系数和 n 个投入产出部门的内生消费系数的转化矩阵视为消费技术系数矩阵。

而对于消费技术系数矩阵，则没有相关统计资料可以直接计算得到，因此需要通过间接的方法进行估计。

需要得到各类消费活动与各投入产出部门的对应表，即每种消费活动的完成需要投入哪些部门的产品。这方面的信息在投入产出表编制方法相关的书籍中都会有所说明。例如，《中国 2002 年投入产出表编制方法》一书中“第Ⅱ象限编制方法”一章就对各类消费与投入产出部门的对应进行了描述，另外还需得到居民各类消费活动的消费量，居民对投入产出部门产品的消费量，前者在《中国统计年鉴》中可以获得，后者在投入产出表中可以获得。在上述数据基础上可按以下步骤对消费技术系数矩阵进行估计。

第一步：调整投入产出表中的居民消费一列，使其与 m 大类消费活动覆盖的范围一致。投入产出表中可能有些消费项没有包含在各类消费活动中。例如，投入产出表中金融部门产品的消费，根据定义其表示居民在进行存（贷）款活动时所享受的金融媒介服务，这部分消费没有包含在上面提到的八大类消费中。因此，应将这部分消费扣除并将其作为外生消费处理。调整后的投入产出表中的 n 个部门的总消费应等于 m 大类消费活动的总消费。

第二步：对 m 大类消费活动和 n 个投入产出部门之间的对应消费流量矩阵 $\boldsymbol{R}=(r_{ij})_{n\times m}$ 做如下粗略估计。如果第 i 部门与第 j 类消费活动相对应（即第 j 类消费活动的完成需要投入第 i 部门的产品），则令 $r_{ij}=\dfrac{y_i^c}{n_i}$，否则令 $r_{ij}=0$。其中，y_i^c 表示调整后的第 i 部门的居民消费量，n_i 表示与第 i 部门有对应关系的消费活动个数，r_{ij} 表示第 j 类消费活动的总量中投入的第 i 部门的消费品数量。

第三步：粗略估计得到的消费流量矩阵 $\boldsymbol{R}=(r_{ij})_{n\times m}$ 的行和等于调整后的各投入产出部门的居民消费量，但其列和很有可能不等于各类消费活动的消费量。利用 RAS 法使 $\boldsymbol{R}$ 的列和等于各类消费活动的消费量，行和等于调整后的各投入产出部门的居民消费量①。

第四步：将平衡后的 $\boldsymbol{R}$ 的每列元素分别除以其对应的列和即可得到转换矩阵 $\boldsymbol{B}$ 的估计值。本章附录列出了 2007 年中国八大消费类别和投入产出部门之间的转换矩阵。

① RAS 法是一种利用有限且不完整的多部门经济数据估计完整矩阵元素的常用方法。Golan 等（1994）与 Dietzenbacher 和 Miller（2009）对该方法进行了讨论。

将前面估计得到的八大类消费的内生消费系数利用转换矩阵转换为投入产出部门的内生消费系数之后，可进一步利用式（2.11）将各投入产出部门的总消费分为内生消费和外生消费。

2.4.3　投入产出部门内生收入系数的估计

如 2.3 节中所提到的，劳动报酬（如受雇用劳动者收入和个体经营者收入）是内生收入的合理测度指标，而部门劳动报酬数据在 2007 年中国投入产出表中无法直接得到，该表仅区分出各部门受雇佣人员的劳动报酬，个体经营者收入和营业盈余则混合在一起。我们利用 Chen 等（2015）的方法对各部门劳动报酬进行了估算。由于估计的各部门劳动报酬加总后，超过了住户调查数据给出的居民收入；因此，进一步将估计的各部门劳动报酬适当调整降低，使总和与住户调查数据给出的居民收入相等。得到内生收入后，用各部门的内生收入除以总产出计算得到各部门的内生收入系数，外生收入（包括财产收入和转移收入）可通过《中国统计年鉴》中得到。

至此，可将本章提出的新的投入产出局部闭模型的构成及运转流程总结成图 2.1。

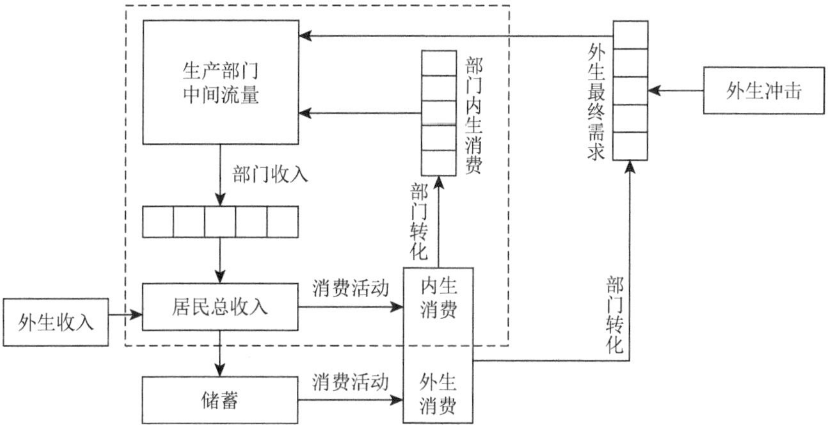

图 2.1　新的投入产出局部闭模型的构成及运转流程图

2.4.4　应对金融危机的一揽子计划对中国 GDP 的短期影响

2008 年，国家发展和改革委员会（National Development and Reform Commission，NDRC）张平主任在新闻发布会上介绍了应对金融危机的一揽子计划的构成，从

2008年第四季度到2010年底，中央财政将投资1.18万亿元。预计这一投资额将吸引地方政府和私人部门新增投资2.82万亿元。应对金融危机的一揽子计划的详细构成见表2.4。

表2.4 应对金融危机的一揽子计划的构成 单位：亿元

项目	资金
1. 廉租住房和保障性住房建设	4 000
2. 农村民生工程与农村基础设施建设	3 700
3. 铁路、公路、机场和配电网建设	15 000
4. 卫生、教育和文化	1 500
5. 节能减排、生态建设工程	2 100
6. 自主创新与产业结构调整	3 700
7. 灾后恢复重建	10 000
总计	40 000

正如本章引言中所讨论的，这一刺激方案将以各种方式影响中国的GDP。在本节中，我们将使用新的投入产出局部闭模型来估计这一刺激计划的短期综合影响。

价格和工资的调整在短期内通常是缓慢的，所以我们假设应对金融危机的一揽子计划短期内没有导致中国央行改变利率，从而不会影响私人部门的投资金额。另外，从表2.4可以发现，应对金融危机的一揽子计划的大多数投资项目都与公共产品有关。根据以上两点，我们忽略经济刺激计划短期内对私人投资的挤出效应。然而，居民消费很可能受到这一刺激计划的影响。一方面，各生产部门产出的增加将带来居民收入的增长，更高的收入将带来更多的消费。另一方面，居民可能预料到政府会在未来提高税率，以弥补这一刺激方案造成的财政赤字。如果是这样，居民可能会通过增加当期储蓄来抵消未来可支配收入的减少，在这种情况下居民部门的内生消费系数将下降。

我们分两种情景对计划的影响进行了研究。在第一种情景下，分别采用传统的投入产出模型、投入产出局部闭模型，以及本章提出的新的投入产出局部闭模型，将投资计划对中国GDP的影响进行模拟测算，并对三种模型测算结果的差异进行比较。在第二种情景下，我们将研究短期影响的测算结果对模型参数（主要是内生消费系数）变化的敏感性。

2.4.5 刺激方案对最终需求的影响

使用投入产出模型估计投资计划对中国经济的影响，应首先将表 2.4 中涉及的政府投资分配到投入产出表中各部门的最终需求。有些类别（如第 1 项廉租住房和保障性住房建设中的 4000 亿元）显然涉及某一特定行业产出的额外需求，而其他项目则毫无疑问是指某一特定行业的投资项目（如第 4 项卫生、教育和文化为 1500 亿元）。在第一种情况下，我们将投资额分配给建筑业产出的最终需求；在第二种情况下，我们根据进行投资行业的投资结构，使用投资矩阵将其投资额分配到提供投资品的部门[①]。

本节按照国家发展和改革委员会的投资进展报告中的信息来分配投资额。项目 1 全部用于拉动建筑业产出的最终需求。投资项目 2 类似于农业的投资结构，所以根据投资结构和投资矩阵把它对应到相关部门的最终需求。项目 3 主要包括对基础设施的投资。2009 年，铁道部表示，铁路投入部分占项目 3 的 80%左右，其他交通投资项目的份额相对较小。因此，把其中 80%作为交通运输业投资，剩余部分作为电网建设投资。根据《2009 年铁道统计公报》，2009 年铁路建设占铁路投资的 86%，14%的铁路投资资金用于购买运输设备产品。根据以上比例，铁路投资项目 3 应分配为建筑业和交通运输设备业产品的最终需求。根据电力热力供应业的投资结构，将电网建设投资分配到对应部门的最终需求。

其余投资项目分配到对应最终需求相对容易。根据卫生、教育和文化行业的投资结构将项目 4 分配到医疗服务产业和文化产业。类似地，项目 5 的分配基于水利、环境和公共管理行业的投资结构。根据前面提到的进度报告，项目 6 主要集中在科技生产改进和扩大高科技产业，这就要求建设新厂或新生产线及引进新设备。因此，项目 6 类似于高科技制造业的投资结构。然而，在投资矩阵中，目前只拥有制造业的投资结构。因此，利用制造业的投资结构，把该项目分配到最终需求。最后一个投资项目主要是重建汶川地震毁坏的房屋和公共设施，因此将其全部分配给建筑业的最终需求。

由于一些投资支出将用于从其他国家进口设备器具。因此，我们将上述获得的最终需求水平，乘以 2007 年投入产出表得出的各部门国内品需求占该部门总需求的比率，得到投资支出对国内品的购买量。最终得到表 2.5 标签栏 $\Delta \boldsymbol{f}^{*}$ 中给出的代表刺激计划初始效果的最终需求向量。

---

① 国家统计局于 1997 年发布了投资矩阵。我们通过 RAS 法运用 2007 年新的行和和新的列和数据将投资矩阵更新到 2007 年。

表 2.5　应对金融危机的一揽子计划对各产业增加值的影响

部门编码（1）	α（2）	Δf^*（3）	传统投入产出模型/十亿元（4）	投入产出局部闭模型/十亿元（5）	新的投入产出局部闭模型/十亿元（6）	内生消费系数的变动/十亿元	
						−5%（7）	−10%（8）
1	0.045	0	78.8	254.2	151.0	113.8（−24.6%）	77.1（−48.9%）
2	0.000	0	76.2	88.0	80.2	78.1（−2.6%）	76.1（−5.1%）
3	0.000	0	83.2	98.6	88.2	85.7（−2.9%）	83.1（−5.8%）
4	0.000	0	42.3	44.7	43.1	42.7（−1.0%）	42.3（−1.9%）
5	0.000	0	45.2	47.2	46.0	45.6（−0.8%）	45.2（−1.6%）
6	0.067	0	26.1	98.5	55.7	40.5（−27.4%）	25.4（−54.4%）
7	0.002	0	10.8	22.2	16.1	13.4（−16.8%）	10.7（−33.3%）
8	0.028	0	10.6	28.5	19.4	14.9（−23.4%）	10.4（−46.4%）
9	0.003	7.9	29.7	34.2	31.7	30.7（−3.1%）	29.7（−6.3%）
10	0.001	0	23.3	33.5	26.6	24.9（−6.3%）	23.2（−12.6%）
11	0.001	0	58.4	68.4	61.5	59.9（−2.6%）	58.3（−5.2%）
12	0.010	0	111.4	146.4	125.5	118.2（−5.8%）	111.1（−11.5%）
13	0.001	0	238.9	244.2	240.7	239.8（−0.4%）	238.8（−0.8%）
14	0.000	0	246.0	258.9	250.4	248.1（−0.9%）	245.9（−1.8%）
15	0.002	13.4	56.8	62.1	58.8	57.8（−1.8%）	56.8（−3.5%）
16	0.000	209.7	129.4	137.2	132.0	130.7（−1.0%）	129.4（−2.0%）
17	0.003	226.3	88.1	100.2	90.5	89.3（−1.4%）	88.0（−2.8%）
18	0.008	91.2	60.0	67.8	63.0	61.5（−2.5%）	59.9（−5.0%）
19	0.002	12.5	13.3	18.1	14.4	13.8（−3.8%）	13.3（−7.6%）
20	0.000	6.0	4.6	5.3	4.8	4.7（−2.4%）	4.6（−4.9%）
21	0.003	8.8	10.5	15.5	11.8	11.1（−5.6%）	10.5（−11.2%）
22	0.000	0	58.8	63.9	60.6	59.7（−1.5%）	58.8（−3.0%）
23	0.007	0	130.4	160.8	140.5	135.3（−3.7%）	130.2（−7.3%）
24	0.001	0	1.9	3.0	2.2	2.1（−8.0%）	1.9（−16.0%）
25	0.001	0	4.8	7.7	5.7	5.3（−8.2%）	4.8（−16.3%）
26	0.003	3195.7	748.2	751.8	749.2	748.7（−0.1%）	748.2（−0.1%）
27	0.007	3.8	211.2	249.1	223.6	217.2（−2.8%）	210.9（−5.7%）
28	0.000	0	2.1	3.2	2.4	2.2（−6.4%）	2.1（−12.7%）
29	0.005	46.7	81.1	108.0	86.5	83.7（−3.2%）	81.0（−6.4%）
30	0.023	28.3	142.7	217.1	165.9	154.0（−7.2%）	142.2（−14.3%）
31	0.022	0	33.8	65.3	45.6	39.5（−13.3%）	33.6（−26.4%）

续表

部门编码（1）	α（2）	Δf^*（3）	传统投入产出模型/十亿元（4）	投入产出局部闭模型/十亿元（5）	新的投入产出局部闭模型/十亿元（6）	内生消费系数的变动/十亿元	
						−5%（7）	−10%（8）
32	0.000	0	120.4	181.8	129.6	124.9（−3.7%）	120.2（−7.3%）
33	0.008	16.0	39.6	120.8	50.5	44.8（−11.1%）	39.3（−22.1%）
34	0.003	0	21.4	33.1	24.8	23.0（−7.1%）	21.3（−14.1%）
35	0.000	0	4.4	5.3	4.7	4.6（−3.1%）	4.4（−6.3%）
36	0.000	12.6	40.3	44.4	41.8	41.0（−1.8%）	40.2（−3.7%）
37	0.001	0	2.6	5.5	3.5	3.1（−12.7%）	2.6（−25.2%）
38	0.011	0	19.8	46.3	27.7	23.7（−14.6%）	19.7（−29.1%）
39	0.011	0	4.3	32.5	11.8	8.0（−32.8%）	4.1（−65.2%）
40	0.019	0	4.5	23.0	12.1	8.2（−32.2%）	4.4（−64.1%）
41	0.002	0	7.2	12.7	8.7	7.9（−8.9%）	7.2（−17.8%）
42	0.000	0	0.8	1.1	0.9	0.9（−4.5%）	0.8（−8.9%）
总计		3878.7	3124.4	4010.3	3409.8	3262.8（−4.3%）	3117.6（−8.6%）
总乘数			0.781	1.003	0.852	0.816（−4.3%）	0.779（−8.6%）

注：①产业分类见本章附录；② $\boldsymbol{\alpha}$ 代表国内产品需求的内生消费系数；③第（7）列和第（8）列括号内的值表示与第（6）列数值的差异；④总乘数等于刺激计划产生的 GDP 增长除以其价值量 4 万亿元

2.4.6　刺激方案对 GDP 的短期影响

通过分别将传统投入产出模型、投入产出局部闭模型和我们的新模型［$\boldsymbol{M}(\boldsymbol{\omega})$，见 3.3.3 节］得出的各行业的附加值乘数矩阵右乘 $\Delta \boldsymbol{f}^*$，即可计算出各行业的附加值。上述所有模型都是在假设模型参数不受应对金融危机的一揽子计划的影响的前提下完成的。对于本章中介绍的模型，这意味着假设 2009 年和 2010 年的内生消费系数与 2008 年相同，增加值的影响效应见表 2.5。

各行业由刺激计划引起的增加值的增长可通过 $\Delta \boldsymbol{f}^*$ 与 2.3 节介绍的增加值乘数矩阵相乘计算得到。在模型参数不受刺激计划影响的假设下，我们利用传统的投入产出模型、投入产出局部闭模型，以及本章提出的新的投入产出局部闭模型分别进行了测算。

在上述三种模型下应对金融危机的一揽子计划拉动的 GDP 增量分别为 31 244 亿元、40 103 亿元和 34 098 亿元；估计出的经济总体增加值乘数分别为 0.781、1.003 和 0.852。由于没有考虑居民部门与生产部门之间的联系，传统投入产出模型的乘数小于其他两个模型。由于将所有消费需求内生，传统的投入产出局部闭模型计算得到的经济总体乘数明显高于新的投入产出局部闭模型。进口品使部分效应传导到国外，传统投入产出模型和新的投入产出局部闭模型的总乘数都小于 1。

He 等（2009）也使用传统投入产出模型估计了应对金融危机的一揽子计划对经济影响的乘数，其预计短期增加值乘数是 0.84，显著高于本书用传统投入产出模型估计的结果。差异主要是由两个原因引起。第一，He 等（2009）的计算基于 2005 年的投入产出表，而本书基于 2007 年的投入产出表。中国加入世界贸易组织（简称世贸组织）两年后，中间投入的进口比例开始增加。这种趋势在 2005 年和 2007 年依旧持续，因此 2005 年投入产出表通过进口传导到国外的效应比 2007 年投入产出表低。第二，刺激计划中项目投资到产业层面的最终需求的转换方式不同。单位最终需求产生的增加值由不同行业和不同分配过程而有所不同，从而会导致不同的 GDP 乘数。本书的分配过程比 He 等（2009）的研究使用了更多的附加信息（如产业投资进展报告和投资矩阵）。如果使用本书的传统投入产出模型和 He 等（2009）的投资分配方法估算 GDP 乘数，得出的结果为 0.85，与 He 等（2009）研究的结果一致，且大于本书方法所得结果（0.781）。这表明，差异主要是由经济刺激计划到最终需求的不同转化方式引起的。

Diao 等（2012）利用 CGE 模型的测算结果显示：2009～2015 年中国 GDP 将受到累计 75.4 万亿元的正向影响，其中 2009～2010 年的短期增加值乘数为 0.82。尽管建模方法与本节有差异，但该结果与本节中提出的新的投入产出局部闭模型的结果相近（0.852）。后面我们将进一步考虑居民储蓄对应对金融危机的一揽子计划的反应程度［在 Diao 等（2012）的研究中，假定居民储蓄为外生恒定参数］，研究模型结果的敏感性。

对于产业层面的影响，新的投入产出局部闭模型的结果显示：建筑业（26）受到经济刺激计划的影响最大，其增加值增长占经济刺激计划所带来的整个经济体增加值增长的 22%。这个结果反映了基础设施项目是投资计划的重点。由此，与建筑业有很强的直接和间接联系的一些特定行业会受到较大影响，如金属冶炼及压延加工业（14），非金属矿物制品业（13），交通运输及仓储业（27），批发和零售业（30），电力、热力的生产和供应业（23），金融保险业（32），化学工业（12）。本节在产业层面所得结果与 Diao 等（2012）的研究结果一致。

对于中国经济总体的影响新的投入产出局部闭模型估计结果为 9.1%，大于传统投入产出模型。产业层面的结果表现出很大的差异性。其中，具有最大差异的是教育（39，174%），其次是卫生、社会保障和社会福利业（40，169%），食品制造和烟草加工业（6，113%）和农林牧渔业（1，92%）。正如传统的投入产出模型所表明的那样，教育产业和医疗服务业通过产业联系从刺激计划中的获益甚微（分别为 43 亿元和 45 亿元）。相反，它们都有比较高的内生消费系数（见表 2.5 第 2 列所示），从而通过刺激计划引起的居民消费获益。建筑业（26）和非金属矿物制品业（13）在不同模型中得到的结果差异不大，增加值的增长都小于 1%，表明这些行业与居民消费关联性很弱。在新模型和传统投入产出模型结果的绝对差异中，农林牧渔业（1，+720 亿元）和食品制造和烟草加工业（6，+300 亿元）两个行业的计算结果差异最为显著，其差异占 GDP 增长差异的 35%以上。

2.4.7　敏感性分析：政府干预导致模型参数变化

表 2.5 第（4）列到第（6）列给出的结果是在假设所有模型参数对刺激方案本身不敏感的情况下得到的，如内生消费参数 $\boldsymbol{\alpha}$ 被假定是稳定的。然而，正如前面所讨论的，一项重大的扩张性财政政策措施（如应对金融危机的一揽子计划）可能会改变人们对未来税率的预期。在这种情况下，当前的居民消费可能会受到负面影响。为了分析测算结果对这些现象的敏感性，我们假设内生消费系数分别下降 5%和 10%，使用基于新的投入产出局部闭模型推导出来的式（2.15）对投资计划的短期影响进行了重新计算。

$$\Delta \boldsymbol{v} = \bar{\boldsymbol{M}}(\omega)\Delta \boldsymbol{f}^* + [\bar{\boldsymbol{M}}(\omega)\boldsymbol{g}^* - \boldsymbol{M}(\omega)\boldsymbol{g}^*] \tag{2.15}$$

其中，$\Delta \boldsymbol{f}^*$ 表示新增的最终需求向量；$\boldsymbol{g}^*$ 表示 2.3 节构建的框架当中的外生性国内产品最终需求向量；$\boldsymbol{M}(\omega)$ 和 $\bar{\boldsymbol{M}}(\omega)$ 分别表示内生消费系数变化之前和之后的增加值乘数矩阵。

我们发现，如果内生消费系数下降 5%，应对金融危机的一揽子计划拉动的 GDP 增长将下降 4.3%，从 3.4098 万亿元下降到 3.2628 万亿元（总乘数从 0.852 下降到 0.816）。当内生消费系数下降 10%时，总乘数下降到 0.779，略小于传统投入产出模型得到的总乘数。这意味着，在这种情况下，刺激方案对当期居民消费的负面影响抵消了当期收入对居民消费联动的正面影响。如果中国政府考虑到居民对财政政策未来预期的变化，则在刺激计划的同时宣布对未来财政形势有利影响的政策措施将是明智的选择。

2.5　结　论

本章提出了一种新的投入产出局部闭模型，用于估计财政刺激对中国经济增长的短期影响。在传统的投入产出局部闭模型中，居民消费被假定为完全内生，即当期消费完全由当期收入决定。这与现代消费理论不一致，很可能会高估扩张性财政政策的影响。本章提出的新的投入产出局部闭模型则不会受到这一问题的影响，因为该模型对内生消费和外生消费进行了区分，前者由居民的当期收入决定，后者由其他因素决定。

利用新的投入产出局部闭模型，本章用两种方案估算了中国应对金融危机的一揽子计划对 GDP 的短期效应。先使用传统的投入产出开模型、投入产出局部闭模型和本章的新的投入产出局部闭模型进行测算，并假设模型参数不受刺激计划影响。正如预期一样，本章所用新的投入产出局部闭模型的结果，高于传统的投入产出模型（其中所有居民消费是外生的），小于投入产出局部闭模型（其中所有居民消费是内生的）。新的投入产出局部闭模型估计得到的 GDP 乘数为 0.852。由于一部分刺激计划将会带动进口，从而不在本国产生增加值，因此 GDP 乘数小于 1，该结果与中国 GDP 在刺激计划后的实际变化相一致。

为考察模型测算结果对模型参数恒定假设的敏感性，本章采用新的投入产出局部闭模型进一步分析了以下情况：居民决定减少内生消费，因为他们预期政府当前的大规模支出将由后期的税收作为补偿（即“李嘉图等价”）。在这种情况下，10%的内生消费系数的下降将导致 GDP 乘数比传统投入产出模型更低。这表明本章的模型对政策制定有重要的参考价值。如果政府认为内生消费系数对财政政策变化非常敏感，则需要准确预测这种影响并及时选择合适的对冲政策。

本章的模型也可以用来估计其他冲击的影响。例如，2013 年中国政府提出了有助于中国进一步融入经济全球化的“一带一路”倡议，由陆上的“新丝绸之路经济带”和远洋的“21 世纪海上丝绸之路”组成。该倡议可被看作一个大规模基建工程与出口激励相结合的政策。该倡议侧重于促进中国产能过剩行业（如钢铁制造业）的出口。如果这一倡议制定出具体的产业层面的投资和出口目标，本章所提出的新的投入产出局部闭模型方法可以测算出“一带一路”倡议对中国经济的影响。

参 考 文 献

Ando A，Modigliani F. 1963. The life cycle hypothesis of saving：aggregate implications and tests. The American Economic Review，53：55-84.

Attanasio O P，Weber G. 1993. Consumption growth，the interest rate and aggregation. The Review of Economic Studies，60（3）：631-649.

Barnett W A，Serletis A. 2008. Consumer preferences and demand systems. Journal of Econometrics，147：210-224.

Batey P W J，Madden M，Weeks M J. 1987. Household income and expenditure in extended input-output models：a comparative theoretical and empirical analysis. Journal of Regional Science，27：341-356.

Batey P W J，Weeks M J. 1989. The effect of household disaggregation in extended input-output models//Miller R E，Polenske K R，Rose A Z. Frontiers of Input-Output Analysis. Oxford：Oxford University Press：119-133.

Carroll C D. 1994. How does future income affect current consumption? The Quarterly Journal of Economics，109：111-147.

Chen Q，Dietzenbacher E，Los B. 2015. Structural decomposition analyses：the differences between applying the semi-closed and the open input-output model. Environment and Planning A，2015，47（8）：1713-1735.

Clements K W，Selvanathan S. 1994. Understanding consumption patterns. Empirical Economics，19：69-110.

Clements K W，Wu Y R，Zhang J. 2006. Comparing international consumption patterns. Empirical Economics，31：1-30.

Cloutier M L，Thomasin P J. 1994. Closing the Canadian input-output model：homogeneous vs non-homogeneous household sector specifications. Economic Systems Research，6：397-414.

Cogan J F，Cwik T，TaylorJ B，et al. 2010. New Keynesian versus old Keynesian government spending multipliers. Journal of Economic Dynamics and Control，34：281-295.

Dennis R. 2009. Consumption habits in a new Keynesian business cycle model. Journal of Money，credit and Banking，41：1015-1030.

Diao X，Zhang Y，Chen K Z. 2012. The global recession and China's stimuws package：a general equilibrium assessment of coclntry level impacts. China Economic Review，23：1-17.

Dietzenbacher E，Los B，Stehrer R，et al. 2013. The construction of world input-output tables in the wiod project. Economic Systems Research，25：71-98.

Dietzenbacher E，Miller R E. 2009. Ras-ing the transactions or the coefficients：it makes no difference. Journal of Regional Science，49：555-566.

Dietzenbacher E，Şenesen G. 2003. Demand-pull and cost-push effects on labor income in Turkey，1973-90. Environment and Planning A，35：1785-1807.

Duesenberry J. 1949. Income，Saving and the Theory of Consumer Behavior. Boston：Harvard University Press.

Engle R F，Watson M W. 1987. The Kalman filter：applications to forecasting and rational expectations models//Bewley T F. Advances in Econometrics. Cambridge：Cambridge University Press：245-283.

Friedman M. 1957. Theory of the Consumption Function. Princeton：Princeton University Press.

Erlandsen S，Nymoen R. 2008. Consumption and population age structure. Journal of Population Economics，21：505-520.

Golan A，Judge G，Robinson S. 1994. Recovering information from incomplete or partial multisectoral economic data. The Review of Economics and Statistics，76：541-549.

Hall R E. 1978. Stochastic Implications of the life cycle-permanent income hypothesis：theory and evidence. Journal of Political Economy，86：971-987.

Hamilton J D. 1994. Time Series Analysis. Princeton：Princeton University Press.

Harvey A C. 1987. Application of the Kalman filter in econometrics//Bewley T F. Advances in Econometrics. Cambridge：Cambridge University Press：285-313.

He D，Zhang Z W，Zhang W L. 2009. How large will be the effect of China's fiscal stimulus package on output and employment. Pacific Economic Review，14：730-744.

Horvath M. 2009. The effect of government spending shocks on consumption under optimal stabilization. European Economic Review，53：815-829.

Karagiannis G，Velentzas K. 2004. Decomposition analysis of consumers' demand changes：an application to greek consumption data. Applied Economics，36：497-504.

Lancaster K. 1966. Anew approach to consumer theory. Sournal of Dolitical Economy，74：132-157.

Luengo-Prado M J，Sørensen B E. 2008. What can explain excess smoothness and sensitivity of state-level consumption. Review of Economics and Statistics，90：65-80.

Luptacik M，Böhm B. 1999. A consistent formulation of the leontief pollution model. Economic Systems Research，11：263-276.

Lyons S，Mayor K，Tol R S J. 2009. Convergence of consumption patterns during macroeconomic transition：a model of demand in Ireland and the OECD. Economic Modelling，26：702-714.

Mankiw N G. 2010. Macroeconomics. 7th ed. New York：Worth Publishers.

Miller R E，Blair P D. 2009. Input-Output Analysis：Foundations and Extensions. 2nd ed. Cambridge：Cambridge University Press.

Ministry of Railways. 2009. Railway statistical bulletin 2009. http://cn.chinagate.cn/reports/2012-09/11/comtent_26494206.htm[2022-04-25].

Miyazawa K. 1976. Input-Output Analysis and the Structure of Income Distribution. Berlin：Springer-Verlag Press.

Muellbauer J，Lattimore R. 1999. The consumption function：a theoretical and empirical overview//Pesaran M H，Wickens M. Handbook of Applied Econometrics. Oxford：Blackwell Press：221-311.

Wakabayashi M，Hewings G J D. 2007. Life-cycle changes in consumption behavior：age-specific and regional variations. Journal of Regional Science，47：315-337.

Yang C，Chen X K，Xu J. 2008. A method to optimize gross fixed capital investments for water conservancy in China. Economic Systems Research，20：151-172.

本 章 附 录

1. 扩展的列昂惕夫逆矩阵 $\boldsymbol{L}^* = (\boldsymbol{I}-\boldsymbol{A})^{-1}$ 表达式的推导

（1）假设矩阵 $\boldsymbol{I}-\boldsymbol{A}^* = \begin{bmatrix} \boldsymbol{I}-\boldsymbol{A} & -\boldsymbol{\alpha} \\ -\boldsymbol{w}^{\mathrm{T}} & 1 \end{bmatrix}$ 的逆矩阵为 $\boldsymbol{L}^* = \begin{bmatrix} \boldsymbol{L}_{11}^* & \boldsymbol{l}_{12}^* \\ \boldsymbol{l}_{21}^* & \boldsymbol{l}_{22}^* \end{bmatrix}$，其分块方式与 $\boldsymbol{I}-\boldsymbol{A}^*$ 相同。则：

$$\begin{bmatrix} \boldsymbol{I}-\boldsymbol{A} & -\boldsymbol{\alpha} \\ -\boldsymbol{w}^{\mathrm{T}} & 1 \end{bmatrix}\begin{bmatrix} \boldsymbol{L}_{11}^* & \boldsymbol{l}_{12}^* \\ \boldsymbol{l}_{21}^* & \boldsymbol{l}_{22}^* \end{bmatrix} = \begin{bmatrix} \boldsymbol{I} & \boldsymbol{0} \\ \boldsymbol{0} & 1 \end{bmatrix}$$

从上面的等式中可以得到以下矩阵方程：

$$(\boldsymbol{I}-\boldsymbol{A})\boldsymbol{L}_{11}^* - \boldsymbol{\alpha}\boldsymbol{l}_{21}^* = \boldsymbol{I} \tag{A2.1}$$

$$(\boldsymbol{I}-\boldsymbol{A})\boldsymbol{l}_{12}^* - \boldsymbol{\alpha}\boldsymbol{l}_{22}^* = 0 \tag{A2.2}$$

$$-\boldsymbol{w}^{\mathrm{T}}\boldsymbol{L}_{11}^{*}+\boldsymbol{l}_{21}^{*}=0 \tag{A2.3}$$

$$-\boldsymbol{w}^{\mathrm{T}}\boldsymbol{l}_{12}^{*}+\boldsymbol{l}_{22}^{*}=1 \tag{A2.4}$$

由（A2.1）得

$$\boldsymbol{L}_{11}^{*}=(\boldsymbol{I}-\boldsymbol{A})^{-1}(\boldsymbol{I}+\boldsymbol{\alpha}\boldsymbol{l}_{21}^{*})$$

将其带入（A2.3）得

$$\boldsymbol{l}_{21}^{*}=[1-\boldsymbol{w}^{\mathrm{T}}(\boldsymbol{I}-\boldsymbol{A})^{-1}\boldsymbol{\alpha}]^{-1}\boldsymbol{w}^{\mathrm{T}}(\boldsymbol{I}-\boldsymbol{A})^{-1} \tag{A2.5}$$

将（A2.5）带入（A2.1）得

$$\boldsymbol{L}_{11}^{*}=(\boldsymbol{I}-\boldsymbol{A})^{-1}\{\boldsymbol{I}+\boldsymbol{\alpha}[1-\boldsymbol{w}^{\mathrm{T}}(\boldsymbol{I}-\boldsymbol{A})^{-1}\boldsymbol{\alpha}]^{-1}\boldsymbol{w}^{\mathrm{T}}(\boldsymbol{I}-\boldsymbol{A})^{-1}\} \tag{A2.6}$$

解式（A2.2）和式（A2.4）得

$$\boldsymbol{l}_{22}^{*}=[1-\boldsymbol{w}^{\mathrm{T}}(\boldsymbol{I}-\boldsymbol{A})^{-1}\boldsymbol{\alpha}]^{-1} \tag{A2.7}$$

$$\boldsymbol{l}_{12}^{*}=(\boldsymbol{I}-\boldsymbol{A})^{-1}\boldsymbol{\alpha}[1-\boldsymbol{w}^{\mathrm{T}}(\boldsymbol{I}-\boldsymbol{A})^{-1}\boldsymbol{\alpha}]^{-1}$$

令 $\boldsymbol{L}=(\boldsymbol{I}-\boldsymbol{A})^{-1}$，可得到扩展的列昂惕夫逆矩阵 $\boldsymbol{L}^{*}=(\boldsymbol{I}-\boldsymbol{A}^{*})^{-1}$ 的如下表达式：

$$\boldsymbol{L}^{*}=(\boldsymbol{I}-\boldsymbol{A}^{*})^{-1}=\begin{bmatrix}\boldsymbol{L}_{11}^{*} & \boldsymbol{l}_{12}^{*}\\ \boldsymbol{l}_{21}^{*} & \boldsymbol{l}_{22}^{*}\end{bmatrix}\begin{bmatrix}\boldsymbol{L}[\boldsymbol{I}+\boldsymbol{\alpha}(1-\boldsymbol{w}^{\mathrm{T}}\boldsymbol{L}\boldsymbol{\alpha})^{-1}\boldsymbol{w}^{\mathrm{T}}\boldsymbol{L}] & \boldsymbol{L}\boldsymbol{\alpha}(1-\boldsymbol{w}^{\mathrm{T}}\boldsymbol{L}\boldsymbol{\alpha})^{-1}\\ (1-\boldsymbol{w}^{\mathrm{T}}\boldsymbol{L}\boldsymbol{\alpha})^{-1}\boldsymbol{w}^{\mathrm{T}}\boldsymbol{L} & (1-\boldsymbol{w}^{\mathrm{T}}\boldsymbol{L}\boldsymbol{\alpha})^{-1}\end{bmatrix}$$

（2）由式（A2.1）和式（A2.3）可得 $\boldsymbol{L}_{11}^{*}$ 和 $\boldsymbol{l}_{21}^{*}$ 的另外一种表达方式：

$$\boldsymbol{L}_{11}^{*}=(\boldsymbol{I}-\boldsymbol{A}-\boldsymbol{\alpha}\boldsymbol{w}^{\mathrm{T}})^{-1}$$

$$\boldsymbol{l}_{21}^{*}=\boldsymbol{w}^{\mathrm{T}}(\boldsymbol{I}-\boldsymbol{A}-\boldsymbol{\alpha}\boldsymbol{w}^{\mathrm{T}})^{-1}$$

由式（A2.2）和式（A2.4）可得 $\boldsymbol{l}_{12}^{*}$ 和 $\boldsymbol{l}_{22}^{*}$ 的另外一种表达方式：

$$\boldsymbol{l}_{12}^{*}=(\boldsymbol{I}-\boldsymbol{A}-\boldsymbol{\alpha}\boldsymbol{w}^{\mathrm{T}})^{-1}\boldsymbol{\alpha}$$

$$\boldsymbol{l}_{22}^{*}=1+\boldsymbol{w}^{\mathrm{T}}(\boldsymbol{I}-\boldsymbol{A}-\boldsymbol{\alpha}\boldsymbol{w}^{\mathrm{T}})^{-1}\boldsymbol{\alpha}$$

因此可得到扩展的列昂惕夫逆矩阵 $\boldsymbol{L}^{*}=(\boldsymbol{I}-\boldsymbol{A}^{*})^{-1}$ 的另一表达式：

$$\boldsymbol{L}^{*}=(\boldsymbol{I}-\boldsymbol{A}^{*})^{-1}=\begin{bmatrix}\boldsymbol{L}_{11}^{*} & \boldsymbol{l}_{12}^{*}\\ \boldsymbol{l}_{21}^{*} & \boldsymbol{l}_{22}^{*}\end{bmatrix}=\begin{bmatrix}(\boldsymbol{I}-\boldsymbol{A}-\boldsymbol{\alpha}\boldsymbol{w}^{\mathrm{T}})^{-1} & (\boldsymbol{I}-\boldsymbol{A}-\boldsymbol{\alpha}\boldsymbol{w}^{\mathrm{T}})^{-1}\boldsymbol{\alpha}\\ \boldsymbol{w}^{\mathrm{T}}(\boldsymbol{I}-\boldsymbol{A}-\boldsymbol{\alpha}\boldsymbol{w}^{\mathrm{T}})^{-1} & 1+\boldsymbol{w}^{\mathrm{T}}(\boldsymbol{I}-\boldsymbol{A}-\boldsymbol{\alpha}\boldsymbol{w}^{\mathrm{T}})^{-1}\boldsymbol{\alpha}\end{bmatrix}$$

2. 卡尔曼滤波方法介绍

卡尔曼滤波是一种递归算法，其可以基于 $t-1$ 时期的参数值和第七期模型变量的观测值更新得到第七期的参数值。该方法已经成功应用于计量经济学领域的许多问题中，如变系数模型的估计、不可观测成分的估计等。

假设单变量变系数模型由以下观测方程和状态方程组成。

观测方程：

$$y_t=d_t+\boldsymbol{x}_t^{\mathrm{T}}\boldsymbol{\beta}+\boldsymbol{z}_t^{\mathrm{T}}\boldsymbol{\alpha}_t+\xi_t\quad(t=1,2,\cdots,T) \tag{A2.8}$$

状态方程：

$$\boldsymbol{\alpha}_t=\boldsymbol{r}_t+\boldsymbol{T}\boldsymbol{\alpha}_{t-1}+\boldsymbol{\eta}_t\quad(t=1,2,\cdots,T) \tag{A2.9}$$

其中，y_t 表示有固定观测值的因变量；$\boldsymbol{\alpha}_t$ 表示由变系数组成的状态向量（$m\times1$），

$\boldsymbol{z}_t$ 表示由可观测自变量组成的向量（$m\times1$），其对应的系数是可变的；$\boldsymbol{x}_t$ 表示由可观测变量组成的向量（$n\times1$），其对应的系数向量 $\boldsymbol{\beta}(n\times1)$ 不随时间变化；$\boldsymbol{T}(m\times m)$ 表示根据先验信息设置的固定矩阵；d_t 和 $\boldsymbol{r}_t$ 分别表示固定的标量和向量（$m\times1$），其数值也是已知的；扰动项 ξ_t 和 $\boldsymbol{\eta}_t$ 分别表示均值为零，方差为 σ^2h_t 和 $\sigma^2\boldsymbol{Q}_t$ 的白噪声。假定 ξ_t 和 $\boldsymbol{\eta}_t$ 序列不相关。

令 $\hat{\boldsymbol{\alpha}}_{t-1}$ 为基于到 $t-1$ 期的所有信息对 $\boldsymbol{\alpha}_{t-1}$ 的最小均方误差估计。令 $\sigma^2\boldsymbol{P}_{t-1}$ 为 $\hat{\boldsymbol{\alpha}}_{t-1}$ 的误差协方差矩阵。给定 $t-1$ 期 $\hat{\boldsymbol{\alpha}}_{t-1}$ 和 $\boldsymbol{P}_{t-1}$ 的值，$\boldsymbol{\alpha}_t$ 的最小均方误差估计和误差协方差矩阵分别为

$$\hat{\boldsymbol{\alpha}}_{t|t-1}=\boldsymbol{T}\hat{\boldsymbol{\alpha}}_{t-1}+\boldsymbol{r}_t \tag{A2.10}$$

$$\boldsymbol{P}_{t|t-1}=\boldsymbol{T}\boldsymbol{P}_{t-1}\boldsymbol{T}^{\mathrm{T}}+\boldsymbol{Q}_t \tag{A2.11}$$

当 y 在 t 期的观测值获得后，可以用下面的公式对上述估计和协方差矩阵进行更新：

$$\hat{\boldsymbol{\alpha}}_T=\hat{\boldsymbol{\alpha}}_{t|T}+\boldsymbol{P}_{t|t-1}\boldsymbol{z}_t(y_t-d_t-\boldsymbol{x}_t^{\mathrm{T}}\boldsymbol{\beta}-\boldsymbol{z}_t^{\mathrm{T}}\hat{\boldsymbol{\alpha}}_{t|t-1})/(\boldsymbol{z}_t^{\mathrm{T}}\boldsymbol{P}_{t|t-1}\boldsymbol{z}_t+h_t) \tag{A2.12}$$

$$\boldsymbol{P}_t=\boldsymbol{P}_{t|t-1}-\boldsymbol{P}_{t|t-1}\boldsymbol{z}_t\boldsymbol{z}_t^{\mathrm{T}}\boldsymbol{P}_{t|t-1}/(\boldsymbol{z}_t^{\mathrm{T}}\boldsymbol{P}_{t|t-1}\boldsymbol{z}_t+h_t) \tag{A2.13}$$

进一步可以将 $\hat{\boldsymbol{\alpha}}_t$ 和 $\boldsymbol{P}_t$ 用来预测下一期的状态向量，然后利用下一期的信息对其更新。上述过程可以递归下去。

式（A2.10）和式（A2.11）称为预测方程，式（A2.12）和式（A2.13）称为更新方程。它们共同组成了卡尔曼滤波。

卡尔曼滤波仅根据 t 时刻及之前的可用信息得出状态向量 $\boldsymbol{\alpha}_t$ 的最小均方误差估计量。我们进一步利用样本（T 观测）中的所有信息，通过固定区间平滑得到状态向量 $\hat{\boldsymbol{\alpha}}_{t|T}$ 的平滑估计。固定区间平滑是一个递归过程（Harvey，1987）。它从最终的卡尔曼滤波器估计 $\hat{\boldsymbol{\alpha}}_T$ 和 $\boldsymbol{P}_T$ 开始，然后应用平滑方程 $\hat{\boldsymbol{\alpha}}_{t|T}=\hat{\boldsymbol{\alpha}}_t+\boldsymbol{P}_t(\hat{\boldsymbol{\alpha}}_{t+1|T}-\boldsymbol{T}\hat{\boldsymbol{\alpha}}_t)$ 和 $\boldsymbol{P}_{t|T}=\boldsymbol{P}_t+\boldsymbol{P}_t^*(\boldsymbol{P}_{t+1|T}-\boldsymbol{P}_{t+1|t})\boldsymbol{P}_t^{*\prime}$，其中 $\boldsymbol{P}_t^*=\boldsymbol{P}_t\boldsymbol{T}^{\mathrm{T}}\boldsymbol{P}_{t+1|t}^{-1}$，$t=T-1,T-2,\cdots,1$，最终，$\hat{\boldsymbol{\alpha}}_{T|T}=\hat{\boldsymbol{\alpha}}_T$，$\boldsymbol{P}_{T|T}=\boldsymbol{P}_T$。

3. 八大类消费类别和投入产出部门之间转换矩阵

八大类消费类别和投入产出部门之间转换矩阵见表 A2.1。

表 A2.1　八大类消费类别和投入产出部门之间转换矩阵

产业部门	*F*	*C*	*H*	HFS	HM	TC	ECR	*M*
1. 农林牧渔业	0.333	0	0	0	0	0	0	0
2. 煤炭开采和洗选业	0	0	0.014	0	0	0	0	0
3. 石油和天然气开采业	0	0	0	0	0	0	0	0

续表

产业部门	*F*	*C*	*H*	HFS	HM	TC	ECR	*M*
4. 金属矿采选业	0	0	0	0	0	0	0	0
5. 非金属矿及其他矿采选业	0	0	0	0	0	0	0	0
6. 食品制造和烟草加工业	0.473	0	0	0	0.144	0	0	0
7. 纺织业	0	0.048	0	0.009	0.002	0	0	0
8. 纺织服装鞋帽皮革羽绒及其制品业	0	0.631	0	0.121	0	0	0	0
9. 木材加工及家具制造业	0	0	0	0.105	0	0	0	0
10. 造纸印刷及文教体育用品制造业	0	0	0	0	0	0	0.039	0
11. 石油加工、炼焦及核燃料加工业	0	0	0	0	0	0.067	0	0
12. 化学工业	0	0	0	0.315	0.055	0	0	0.167
13. 非金属矿物制品业	0	0	0.024	0.005	0	0	0	0
14. 金属冶炼及压延加工业	0	0	0	0	0	0	0	0
15. 金属制品业	0	0	0	0.083	0	0	0	0
16. 通用、专用设备制造业	0	0	0	0	0.011	0	0	0
17. 交通运输设备制造业	0	0	0	0	0	0.222	0	0
18. 电气机械及器材制造业	0	0	0	0.300	0	0	0	0.159
19. 通信设备、计算机及其他电子设备制造业	0	0	0	0	0	0.121	0.057	0
20. 仪器仪表及文化办公用机械制造业	0	0	0	0	0	0	0.016	0.003
21. 工艺品及其他制造业	0	0	0	0	0	0	0	0.491
22. 废品废料	0	0	0	0	0	0	0	0
23. 电力、热力的生产和供应业	0	0	0.222	0	0	0	0	0
24. 燃气生产和供应业	0	0	0.030	0	0	0	0	0
25. 水的生产和工艺业	0	0	0.030	0	0	0	0	0
26. 建筑业	0	0	0.088	0	0	0	0	0
27. 交通运输及仓储业	0.006	0.053	0.055	0.010	0.002	0.067	0.031	0.005
28. 邮政业	0	0	0	0	0	0.005	0	0
29. 信息传输、计算机服务和软件业	0	0	0	0	0	0.185	0.087	0
30. 批发和零售业	0.019	0.176	0.181	0.034	0.006	0.219	0.103	0.018
31. 住宿和餐饮业	0.159	0	0	0	0	0	0	0.148
32. 金融保险业	0	0	0	0	0	0	0	0
33. 房地产业	0	0	0.262	0	0	0	0	0

续表

产业部门	*F*	*C*	*H*	HFS	HM	TC	ECR	*M*
34. 租赁与商务服务业	0	0	0	0	0	0	0.114	0
35. 研究与试验发展业	0	0	0	0	0	0	0	0
36. 综合技术服务业	0	0	0	0	0	0	0	0
37. 水利、环境和公共设施管理业	0	0	0	0	0	0	0.027	0
38. 居民服务和其他服务业	0.010	0.091	0.093	0.018	0.003	0.113	0.053	0.009
39. 教育	0	0	0	0	0	0	0.401	0
40. 卫生、社会保障和社会福利业	0	0	0	0	0.779	0	0	0
41. 文化、体育和娱乐业	0	0	0	0	0	0	0.071	0
42. 公共管理和社会组织	0	0	0	0	0	0	0	0

注：*F* = 食品；*C* = 衣着；*H* = 居住；HFS = 家庭设备、设施和服务；HM = 医疗保健；TC = 交通通信；ECR = 教育、文化和娱乐服务；*M* = 其他商品和服务

第3章 老龄化和城镇化对中国未来人口及劳动力的影响研究[1]

3.1 引　言

在未来的几十年，人口老龄化将成为中国需要关注的重要问题。这个问题基本上由以下三个原因导致。第一，生育率低。20世纪80年代计划生育政策实施后，中国的生育率大幅度下降，根据第六次全国人口普查数据（国家统计局，2012），中国2010年的生育率为1.18，明显低于2.10的更替水平。第二，20世纪60年代出生在“婴儿潮”时期的人口将从2020年开始陆续进入退休年龄，这将会导致劳动力在总人口中的比例大幅下降。第三，中国医疗水平的改善使得预期寿命增加，这会提高老年人口的比例。以上三个因素（即低生育率、“婴儿潮”时代导致的老龄化及死亡率的降低）将会在未来几十年里推进中国的老龄化进程。

老龄化将对农村地区产生不同于城镇地区的影响。一方面，城镇人口的生育率和死亡率都显著低于农村人口，这将导致城镇比农村地区老龄化程度更高。另一方面，城镇化将使大量青年农村劳动力转移到城镇地区，加剧农村地区的老龄化。在过去的20年中，中国的城镇化率（即城镇人口的比例）从1990年的26.4%提升到2010年的50.0%，增长了23.6个百分点。考虑到中国的工业化进程，这种快速的城镇化趋势在未来仍将持续。城镇化进程的特点是，青年人从农村向城镇地区迁移，这可能导致农村地区的老龄化问题比城镇地区更为严重，关键在于这两种力量中哪一种的影响更大。

本章对2030年前中国人口年龄结构的发展进行了预测，预测模型区分了农村和城镇，并充分考虑了城镇化。该预测是很有意义的，因为人口变化会引起许多社会经济问题。例如，由于“婴儿潮”时期出生的人退休，劳动力的规模将会缩小。这可能对中国长期经济增长产生不利影响，因为中国经济高度依赖劳动力的投入。因此，了解劳动力的未来规模（即15～64岁年龄组的人口）是非常重要的。之所以选择2030年作为预测年，是因为“婴儿潮”时期出生的人退休带来的影

---

① 本章部分内容来自作者发表的以下期刊文章：Che Q，Dietzenbacher E，Los B. 2017. The effects of ageing and urbanisation on China's future rural and urban populations. Asian Population Studies，13：172-197.

响将会在2030年左右显现。如果预测间隔小于2010～2030年，这种影响将会被忽略。而较长的预测间隔会增加预测的不确定性，因为中国生育率和死亡率的长期变化需要做出一定的假设。

我们开发了一个具有以下特点的城乡人口模型。这是一个针对特定年龄和性别的模型，包含一个针对农村人口的模块和一个针对城镇人口的模块。这一区分考虑到农村和城镇之间的人口异质性，并通过城乡人口转移来模拟城镇化进程。我们使用2010年的人口普查数据对模型进行了校准。

对中国未来人口预测的代表性工作是Unitied Nations和Mai等（2013）做的。Unitied Nations的预测也是依据2010年人口普查数据做出的，而Mai等（2013）对2050年中国人口的预测则是根据2000年的人口普查数据。这两种模式都没有区分农村和城镇人口。因此，这些预测不能反映老龄化对农村和城镇人口的不平等影响，从而忽略了城镇化对整个国家老龄化进程产生的影响。

本章其余部分安排如下。3.2节描述了中国的人口概况和城乡人口的异质性。3.3节、3.4节介绍了城乡人口模型，该模型通过假设或估计对参数进行量化。3.5节预测了在严峻的生育情况下，中国到2030年的人口数。3.6节将我们的发现与文献中的其他预测进行比较。3.7节得出结论。

3.2 中国人口和城乡人口异质性的概况

根据2010年人口普查数据（国家统计局，2012），中国总人口约为13.4亿人。65岁及以上人口（65岁及以上年龄组）的比例为8.9%，与发达国家相比较低。例如，65岁及以上人口在美国占比为13.1%，在日本占比为22.7%，在德国占比为20.4%。然而，按照Unitied Nations规定的7%的标准老龄化线（Unitied Nations，1956）进行评估时，中国实际上已经成为一个老龄化国家。

图3.1显示了2010年农村和城镇人口的年龄结构。它表明，中国有相当大的人口份额集中在35～49岁，无论是农村还是城镇人口。这个年龄段的人口很大一部分由20世纪60年代的“婴儿潮”一代组成，当时中国刚刚摆脱了“三年困难时期”。20～24岁人口很大一部分是“婴儿潮”一代后代的主要组成部分，也相对较大。“婴儿潮”一代中的很大一部分人将从2020年开始陆续进入退休年龄，从而导致中国出现老龄化问题。

2010年，农村和城镇人口的年龄结构差异很大。农村地区年轻人（即0～14岁）的比例明显高于城镇人口。老年人（即65岁及以上）的比例也是如此（尽管程度较轻）。年轻劳动力（即15～34岁）的比例则恰恰相反，农村地区的比例要低于城镇地区。这些不同的年龄结构符合生育率和农村向城镇迁移的差异，然而死亡率的不同似乎在一定程度上削弱了这种差异。

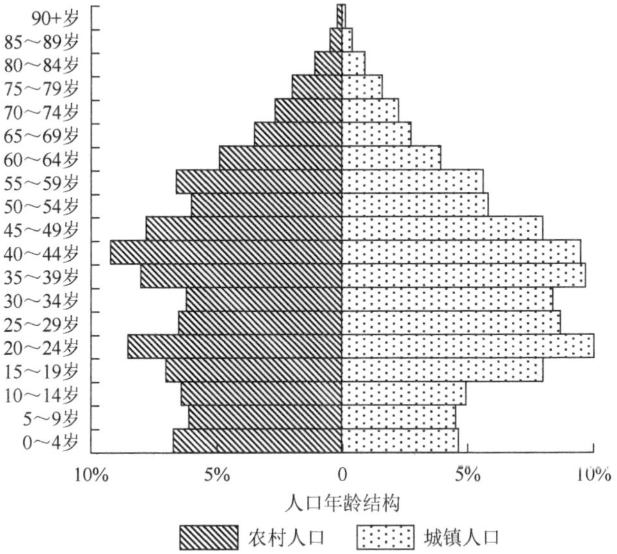

图 3.1　2010 年农村和城镇人口的年龄结构图

资料来源：国家统计局第六次人口普查资料
图 3.1 中的百分比指每个农村年龄组在农村总人口中所占的份额（左边）和每个城镇年龄组在城镇总人口中所占的份额（右边）

图 3.2 显示了 2000 年及 2010 年农村和城镇人口的特定年龄对应的生育率。结果表明，针对任何年龄段，农村的生育率都要高于城镇的生育率。这在一定程度上解释了为什么农村人口中青年人的比例高于城镇人口的比例。

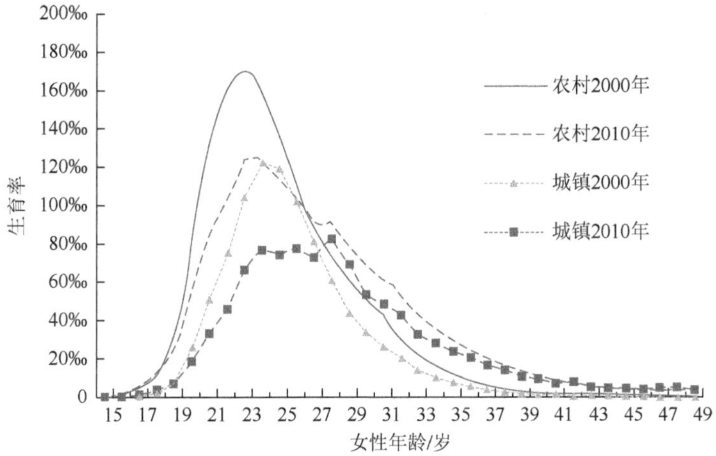

图 3.2　2000 年及 2010 年农村和城镇特定年龄对应的生育率

资料来源：国家统计局第五次和第六次人口普查资料

其次，在中国的工业化进程中，许多年轻的农民工迁移到城镇工作。虽然城镇的生育率低于农村的生育率，但城镇人口通过农村人口的迁移获得了更多的年轻劳动力。这种迁移模式导致城镇人口中年轻人的比例相对较大。

除了生育率和迁移之外，农村和城镇人口的死亡率也存在很大的人口统计学差异。图3.3显示农村人口的死亡率高于城镇人口，尤其是新生儿（0岁）和65岁及以上的人口，这在一定程度上削弱了城乡年龄结构差异。也就是说，如果农村人口和城镇人口的死亡率相同，那么农村人口和城镇人口中年轻人（0～14岁）的比例差异就会比2010年实际的差异更大，65岁及以上年龄组也是如此。

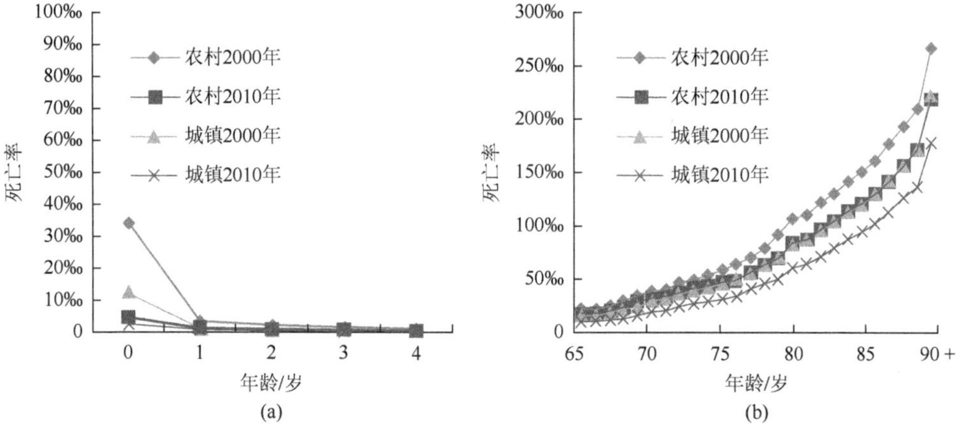

图3.3　2000年和2010年的特定年龄（0～4岁和65～90＋岁）死亡率

3.3　城乡人口模型

中国的农村和城镇人口在生育、死亡率和迁移等人口学方面的表现非常不同。这些人口统计学方面的异质性，并将在中国未来的人口增长中发挥重要作用。为了充分预测中国的人口动态，有必要将这些人口异质性纳入城乡人口模型。我国城乡人口模型的结构类似于多区域类型的人口预测模型，如Rogers（1995）、Wilson和Rees（2005）均研究了针对农村和城镇人口单独的未来概况，并通过将迁移行为纳入模型，提供了中国城镇化进程的预测。

该模型涉及特定的年龄性别并且包括两个模块——农村模块和城镇模块。假设预测间隔为1年，并将农村和城镇人口分为下列$h+1$个年龄组。0年龄组包括年末0岁的个人，1年龄组包括年末1岁的个人，…，h年龄组包含h岁或h岁以上的所有个人。在接下来的内容里，我们将使用上标r表示农村，使用上标u表示城镇。与女性相关的变量将用斜体字母（如x）表示，与男性相关的变量将用斜体字母加波浪线（如$\tilde{x}$）表示。

1. 定义

n_{it}，$\tilde{n}_{it}$：在t年末，i岁女性和男性的个体数量。

f_{it}：第t年i年龄组的生育率（假设出生在第$t+1$年开始时）[①]。

p_t：第t年新生儿为女性的概率。

m_{it}，$\tilde{m}_{it}$：第t年i年龄组中女性和男性个体的死亡率，即在$t-1$年末，年龄$i-1$的个体在t年死亡的概率。m_{0t}给出了一个在t年初出生，在该年末前死亡的婴儿的概率。

$s_{it}=1-m_{it}$，$\tilde{s}_{it}=1-\tilde{m}_{it}$：$i$年龄组的女性、男性个体在第$t$年存活的概率。

k_{it}，$\tilde{k}_{it}$：第t年i年龄组女性、男性人口的城乡人口转移率（假设迁移发生在年初）。

就每一个年龄—性别组而言，城乡人口转移率等于由农村人口转变为城镇人口的净人数与农村人口总数的比率。农村人口向城镇人口的转变有两个途径。一是农村人口向城镇的迁移。二是农村地区转变为城镇地区。农村人口转变为城镇人口，不是由于个体的移动，而是通过城镇地区的扩张实现的。随着中国经济的发展，越来越多的农村地区在行政上（从而在统计上）变成了城镇地区。

2. 农村女性

对于农村人口，需要为特定年龄的女性和男性分别建立模型。农村女婴（在$t+1$年末年龄 0 岁）在$t+1$年的年初出生，她们中的一部分将会变成城镇人口[②]（如迁移），而那些仍然居住在农村的人中，将会有一部分死亡。因此我们有了下面的公式：

$$n_{0,t+1}^r=s_{0,t+1}^r(1-k_{0,t+1})p_{t+1}^r\sum_{i=0}^{h}f_{it}^r n_{it}^r$$

其中，$\sum_{i=0}^{h}f_{it}^r n_{it}^r$ 表示在$t+1$年初出生的农村婴儿。

在时间$t=2011,\cdots,2030$时，年龄组$i=1,2,\cdots,h-1$的农村人口的数量等于在时间t时处于前一个年龄组$i-1$的尚未成为城镇人口的农村人口的存活者。

$$n_{i,t+1}^r=s_{i,t+1}^r(1-k_{i,t+1})n_{i-1,t}^r\quad(i=1,2,\cdots,h-1)$$

$t+1$年末最后一个年龄组的人口是那些留在农村、第t年$h-1$岁或已经h岁以上的存活者。

① 15岁至49岁的女性被视为具有生育能力，这意味着，对于$i=0,1,\cdots,14$及$i>49$，$f_i=0$。

② 对于某一特定年龄段，农村人口向城镇转移的人数减去城市人口向农村转移的人数，即为农村人口向城镇转移的净人数。

$$n_{h,t+1}^{r}=s_{h,t+1}^{r}(1-k_{h,t+1})(n_{h-1}^{r}+n_{h,t}^{r})$$

3. 农村男性

除第一年龄组外，男性人口的模型和女性人口的模型基本相同，因为生育仅与女性人口有关。

$$\tilde{n}_{0,t+1}^{r}=\tilde{s}_{0,t+1}^{r}(1-\tilde{k}_{0,t+1})(1-p_{t+1}^{r})\sum_{i=0}^{h}f_{it}^{r}n_{it}^{r}$$

对于其他的年龄组：

$$\tilde{n}_{i,t+1}^{r}=\tilde{s}_{i,t+1}^{r}(1-\tilde{k}_{i,t+1})\tilde{n}_{i-1,t}^{r}\quad(i=1,2,\cdots,h-1)$$

$$\tilde{n}_{h,t+1}^{r}=\tilde{s}_{h,t+1}^{r}(1-\tilde{k}_{h,t+1})(\tilde{n}_{h-1,t}^{r}+\tilde{n}_{h,t}^{r})$$

4. 城镇女性

城镇人口模型与农村人口模型基本相同。不同的是，部分农村人口是通过城乡人口转移而成为城镇人口的。城镇地区在年初接收的来自农村的人口，之后将作为城镇人口存活（或死亡）。公式如下所示：

$$n_{0,t+1}^{u}=s_{0,t+1}^{u}p_{t+1}^{u}\sum_{i=0}^{h}f_{it}^{u}n_{it}^{u}+s_{0,t+1}^{u}k_{0,t+1}p_{t+1}^{r}\sum_{i=0}^{h}f_{it}^{r}n_{it}^{r}$$

$$n_{i,t+1}^{u}=s_{i,t+1}^{u}n_{i-1,t}^{u}+s_{i,t+1}^{u}k_{i,t+1}n_{i-1,t}^{r}\quad(i=1,2,\cdots,h-1)$$

$$n_{h,t+1}^{u}=s_{h,t+1}^{u}(n_{h-1,t}^{u}+n_{ht}^{u})+s_{h,t+1}^{u}k_{h,t+1}(n_{h-1,t}^{r}+n_{ht}^{r})$$

5. 城镇男性

城镇男性人口模型如下：

$$\tilde{n}_{0,t+1}^{u}=\tilde{s}_{0,t+1}^{u}(1-p_{t+1}^{u})\sum_{i=0}^{h}f_{it}^{u}n_{it}^{u}+\tilde{s}_{0,t+1}^{u}\tilde{k}_{0,t+1}(1-p_{t+1}^{r})\sum_{i=0}^{h}f_{it}^{r}n_{it}^{r}$$

$$\tilde{n}_{i,t+1}^{u}=\tilde{s}_{i,t+1}^{u}\tilde{n}_{i-1,t}^{u}+\tilde{s}_{i,t+1}^{u}\tilde{k}_{i,t+1}\tilde{n}_{i-1,t}^{r}\quad(i=1,2,\cdots,h-1)$$

$$\tilde{n}_{h,t+1}^{u}=\tilde{s}_{h,t+1}^{u}(\tilde{n}_{h-1,t}^{u}+\tilde{n}_{ht}^{u})+\tilde{s}_{h,t+1}^{u}\tilde{k}_{h,t+1}(\tilde{n}_{h-1,t}^{r}+\tilde{n}_{ht}^{r})$$

3.4　参数估计

城乡人口模型由变量（n_{it}、$\tilde{n}_{it}$）和参数（f_{it}、p_t、s_{it}、$\tilde{s}_{it}$、k_{it}、$\tilde{k}_{it}$）组成。该模型的工作原理相当简单：给定变量n_{it}和$\tilde{n}_{it}$在初始年份（$t=2010$）的取值，

并给出参数的估计值，可直接得到预测年份的人口预测值。本节主要描述如何获得参数估计值及做出了哪些重要假设。

1. 新生儿是女性的概率

对于新生儿是女性的概率，我们使用女性在新生儿数量中的比例。2010 年，农村新生儿的这一比例为 45.6%，城镇新生儿为 46.3%。这与 2000 年的比例基本相同，分别为 45.6%和 46.5%。因此，对于我们的预测，我们假设新出生的女性的概率固定在 2010 年的水平。

假设 3.1：对于 $t = 2011,\cdots,2030$， $p_t^r = p_{2010}^r = 0.456$ 和 $p_t^u = p_{2010}^u = 0.463$。

2. 生育率

1980 年，中国政府推出了独生子女政策，以控制人口的快速增长。经过几次调整后，中国的生育政策在不同地区（即农村和城镇）及不同民族之间有所不同。2013 年以前城镇夫妇只允许生一个孩子，而农村夫妇，如果第一个孩子是女孩，则允许生第二个孩子。人口中某些少数民族的夫妇（如新疆维吾尔族夫妇）可以生两个或两个以上的孩子。2013 年 11 月实施的一项调整是，如果父母中的一方（或双方）是独生子女，夫妻可以生第二胎。2015 年“全面二孩”政策提出。2021 年开始实施“三孩”政策。

严格的计划生育政策导致相当长一段时间内，生育率维持在相当低且稳定的状态。根据中国人口普查数据（国家统计局，2002；2012），农村人口总和生育率（total fertility rate，TFR）[①]在 2000 年为 1.43，在 2010 年为 1.44，城镇人口的 TFR 在 2000 年为 0.94，2010 年为 0.98。农村和城镇的 TFR 均显著低于 2.10 的更替率。由于城镇人口的计划生育政策要比农村人口严格得多，城镇的 TFR 明显低于农村的 TFR。从不同年龄的生育率来看，2000 年和 2010 年的一个明显区别是，生育年龄段在推后。图 3.2 显示，最高生育率的年龄段明显右移（即向更高年龄方向移动），这对农村和城镇女性都适用。这意味着年轻妇女的生育率在下降，而中年妇女的生育率在上升，越来越多的中国女性选择晚育。然而，这种生育时间的变化对 TFR 的影响很小。中年妇女生育率提高所带来的影响被年轻妇女生育率降低的影响抵消掉了。在预测模型中，我们对 TFR 进行了假设。任何年份的 TFR 设定之后，该年份分年龄段的生育率通过对 2010 年的分年龄段生育率按比例调整得到。敏感性分析发现只要 TFR 相同，具体年龄生育率的变化只会对预测结果产生非常小的影响。

① TFR 是各年龄段生育率的总和。它衡量的是女性在生育年龄内存活下来且经历每个年龄段的生育率的情况下所能生育的子女数。

应该指出，生育水平一直是中国人口研究中最具争议的问题之一。许多研究人员和政府官员认为，从人口普查数据中得出的 TFR 远低于真实水平（Zeng，1996；Goodkind，2004；Guo，2004；Zhang and Zhao，2006；Morgan et al.，2009；Cai，2013）。生育率被低估的问题主要是与中国严格的计划生育政策有关。违反生育政策，未经许可生育的家庭将受到惩罚。因此，家庭有强烈的动机去隐瞒未经批准的出生情况，因此人口普查数据中系统性地少报了这些数据。研究发现，在 1990 年和 2000 年的人口普查中，大量的新生儿和儿童被漏报（张为民和崔红艳，2002）。尽管已经采取了一些措施解决 2010 年人口普查程序中的漏报问题，但 2010 年人口普查数据得出的 TFR 仍低于真实水平（Cai，2013）。学术界普遍认为，中国人口普查数据中的 TFR 不能直接使用，需要调整。

我们的预测设置了两种生育率情景，以便考虑到未来中国生育政策可能的调整。基准情景假设生育率不变。我们假设中国的生育政策在预测期内（即 2011～2030 年）不会改变。农村和城镇人口的 TFR 都固定在 2010 年的水平上，并针对漏报问题对人口普查数据中的 TFR 进行了调整。漏报率可以通过从 2000 年人口普查数据中获取新生儿的数量来估计，计算 2000～2010[①]年有多少人在统计上幸存下来，并与 2010 年人口普查数据中 10 岁儿童的数量进行比较。我们发现，2010 年人口普查数据中 10 岁儿童的数量是 2000 年新生儿存活者的 1.08 倍。考虑到 2010 年人口普查数据中也有少报 10 岁儿童的可能性，2000 年数据的 TFR 至少少报了 8%。我们用这个比率来调整 2010 年的 TFR，将农村人口的 TFR 从 1.44 调整到 1.55，将城镇人口的 TFR 从 0.98 调整到 1.05[②]。同时，按年龄划分的生育率被放大了同样的比例。

假设 3.2：对于 $t = 2011,\cdots,2030$，有 $f_{it}^{r} = \dfrac{1.55}{1.44} f_{i,2010}^{r}$ 及 $f_{it}^{u} = \dfrac{1.05}{0.98} f_{i,2010}^{u}$。

第二种情景反映了中国政府采取相对宽松的计划生育政策。许多人口学家认为，中国的计划生育政策应该逐步放宽。Zeng（2006）估计采取宽松的计划生育政策后，农村地区的 TFR 为 2.27，城镇地区的 TFR 为 1.80。事实上，这与中国政府调整的生育政策是一致的。

在预测中，我们采用了 Zeng 的方案，并假设 2011～2013 年农村和城镇的 TFR 固定在 2010 年的调整水平（即农村 TFR 为 1.55，城镇 TFR 为 1.05）。从 2015 年开始实施“全面二孩”政策，TFR 在 7 年内线性增长到 2020 年的水平，届时农村 TFR 为 2.27，城镇 TFR 为 1.80。关于各年龄段生育率的增长情况，我们假定生育率的增加是由第二胎数量的增加引起的，即第一胎生育率不受二

① 2000 年新出生的 2000～2010 年幸存者的计算公式为 $n_{0,2000} \times s_{1,2001} \times \cdots \times s_{10,2010}$。

② 根据 Cai（2013）的估计，2010 年中国的 TFR 约为 1.5。

孩政策执行的影响[①]。在将 TFR 的增长向各个年龄段生育率分配时，我们使用基于 2010 年分年龄段的二胎生育率的份额，第 i 年龄组的份额（用 w_i^r 来表示农村比率，用 w_i^u 来表示城镇比率）是用第 i 年龄组的第二个孩子的生育率除以所有年龄组的第二个孩子的生育率之和来计算的。各年龄的二胎生育率信息可以从人口普查数据中获得。2020 年之后直到 2030 年，农村和城镇的 TFR 都固定在 2.27 和 1.80 的水平。

假设 3.3：

$$f_{it}^r=\begin{cases}\dfrac{1.55}{1.44}f_{i,2010}^r & (t=2011,\cdots,2013)\\[2mm] \dfrac{1.55}{1.44}f_{i,2010}^r+\dfrac{2.27-1.55}{7}(t-2013)w_i^r & (t=2014,\cdots,2020)\\[2mm] \dfrac{1.55}{1.44}f_{i,2010}^r+(2.27-1.55)w_i^r & (t=2021,\cdots,2030)\end{cases}$$

$$f_{it}^u=\begin{cases}\dfrac{1.05}{0.98}f_{i,2010}^u & (t=2011,\cdots,2013)\\[2mm] \dfrac{1.05}{0.98}f_{i,2010}^u+\dfrac{1.80-1.05}{7}(t-2013)w_i^u & (t=2014,\cdots,2020)\\[2mm] \dfrac{1.05}{0.98}f_{i,2010}^u+(1.80-1.05)w_i^u & (t=2021,\cdots,2030)\end{cases}$$

对于 $t=2020,\cdots,2030$，$\text{TFR}_t^r=\sum_i f_{it}^r=2.27$，因为 $\sum_i f_{i,2010}^r=\text{TFR}_{2010}^r=1.44$，$\sum_i w_i^r=1$。同样地，对于 $t=2020,\cdots,2030$，$\text{TFR}_t^u=1.80$。

3. 死亡率

生活条件的改善和医疗技术的进步，使中国人口的出生预期寿命从 2000 年的 71.4 岁提高到 2010 年的 74.8 岁。图 3.3 显示，2000 年至 2010 年的死亡率显著下降，尤其是新生儿和老年人（即 65 岁及以上）。例如，2010 年人口普查数据显示，农村人口的婴儿死亡率为 4.7‰，城镇人口的婴儿死亡率为 2.5‰[②]。2000 年和 2010 年的人口普查数据显示中国的死亡率在稳定地下降，表明中国的健康状况持续改善，对于一个经济快速持续增长的国家来说并不意外。考虑到目前发达国家的预期寿命在 80 岁左右，预计未来 20 年，中国的死亡率将继续下降。

① 对于一个特定的年龄组 i，第二胎生育率的定义是第 i 年龄组生育第二胎的女性人数与第 i 年龄组女性总人数的比率。

② 需要指出，人口普查数据中的中国死亡率也可能被低估，尤其是婴儿和幼儿（Cai，2013）。如果人口普查数据准确，中国将成为世界上婴儿死亡率最低的国家之一。将这些死亡率用于人口预测意味着婴儿和幼儿的存活率在某种程度上会被高估。

为了预测中国未来的各年龄组的死亡率，我们使用了李—卡特模型（Lee and Carter，1992）。它是死亡率中期（约 50 年）预测的领先统计模型，已经成功应用于几乎所有拥有可靠数据且处于正常社会经济状况的国家（Booth，2006；Li et al.，2013），它的主要基本假设是，未来特定年龄死亡率的年下降率等于过去时期的平均下降率。李—卡特模型所具有的两个特征使其非常适合用于对中国人口死亡率的预测。首先，只有两年的历史数据足以应用该模型，这对数据可用性有限的国家（如中国）很有吸引力。其次，从李—卡特模型获得的针对特定年龄的死亡率的预测始终满足为正的理想属性。但李—卡特模型也存在一些局限性。它假设特定年龄死亡率的历史平均下降率将延续到将来。正如 Girosi 和 King（2008）研究中所指出的那样，假设历史模式在短期内继续存在是合理的。然而，在较长的时间内，模型预测结果可能会偏离经验模式。例如，当预测周期很长时，使用李—卡特模型可能会出现特定年龄死亡率水平排序逆转的问题①。在这方面，Li 等（2013）得出结论认为，除预期寿命超过 80 岁的国家外，不同年龄段死亡率排序逆转问题对大多数国家的预测几乎没有影响。正如本节前面所提到的，中国的预期寿命仍然要低得多，因此我们认为，假设 2000～2010 年中国特定年龄死亡率变化的历史模式在接下来的二十年中延续是合理的。此外，基于此假设的预测在显示特定年龄的死亡率的顺序方面未显示严重问题。因此，我们认为使用李—卡特模型预测中国的分年龄段死亡率是合理的。

李—卡特模型假设特定年龄死亡率呈指数变化，具体为

$$\ln m_{it} = \alpha_i + \beta_i v_t + \varepsilon_{it} \quad (i = 0,1,\cdots,h;\ t = 1,2,\cdots,T) \tag{3.1}$$

其中，α_i、β_i、v_t 表示待估计的参数；ε_{it} 表示均值为 0、方差为 σ^2 的随机扰动项；v_t 表示对所有年龄组死亡率有系统性影响的外生因素（如医疗技术和经济增长）的综合影响。虽然对所有年龄组的死亡率都有影响，但影响的程度因年龄段而异。一些年龄组比其他年龄组受益更多，这一差异反映在参数 β_i 的取值，其代表了对第 i 年龄组的影响。可使用奇异值分解（singular value decomposition，SVD）方法对式（3.1）进行估计（有关奇异值分解方法的介绍见本章附录），得出 $\hat{\alpha}_i = \overline{\ln m_i} = \sum_{t=1}^{T} \ln m_{it} / T$，估计值 $\hat{\beta}_i$（$i = 1,2,\cdots,h$）及 $\hat{v}_t$（$t = 1,2,\cdots,T$）。

在预测过程中，我们需要计算 $\hat{m}_{i,T+\tau}$。如式（3.1）所示，$\ln \hat{m}_{i,T+\tau} = \hat{\alpha}_i + \hat{\beta}_i \hat{v}_{T+\tau}$。可见，$\hat{m}_{i,T+\tau}$ 的预测值取决于：①估计的参数 $\hat{\alpha}_i$ 和 $\hat{\beta}_i$，这两个参数随时间固定不变；② $\hat{v}_{T+\tau}$ 是随时间变化的参数，由于参数是时变的，所以通过指定以带有漂移模型的随机游走来刻画，$\hat{v}_t = \theta + \hat{v}_{t-1} + \mu_t$，$\mu_t \sim N(0, \sigma_\mu^2)$。

① 死亡率排序逆转是指在时间段 t 内，i 年龄组的死亡率大于 j 年龄组的死亡率，而在时间段 k 内 i 年龄组的死亡率小于 j 年龄组的死亡率。

现实中的几乎所有应用都采用了这种设置方法，如 Girosi 和 King（2008）。θ 的极大似然估计由 $\hat{\theta}=(\hat{v}_T-\hat{v}_1)/(T-1)$ 给出。可以看出，估计结果仅取决于初始年份和最终年份的值。这意味着两年的数据足以通过李—卡特模型预测分年龄组的死亡率。参数 v_t 的预测表示为 $\hat{v}_{T+\tau}=\hat{v}_T+\hat{\theta}_\tau$，对于 $\tau=1,2,\cdots$。综合以上分析，对于死亡率我们有如下假设。

假设 3.4：死亡率的预测是由以下公式给出。

$$\widehat{m}_{i,2010+\tau}=\mathrm{e}^{\hat{\alpha}_i+\hat{\beta}_i\hat{v}_{2010+\tau}}=\mathrm{e}^{\overline{\ln m_i}+\hat{\beta}_i\left(\hat{v}_{2010}+\frac{\hat{v}_{2010}-\hat{v}_{2000}}{10}\tau\right)}$$
$$=\mathrm{e}^{\frac{\ln m_{i,2000}+\ln m_{i,2010}}{2}}+\hat{\beta}_i\left(\hat{v}_{2010}+\frac{\hat{v}_{2010}-\hat{v}_{2000}}{10}\tau\right)\quad(\tau=1,2,\cdots,20)$$

其中，$\hat{\beta}_i$、$\hat{v}_{2000}$ 和 $\hat{v}_{2010}$ 通过奇异值分解估计得到（见本章附录）。

我们选择使用 2000 年和 2010 年的中国人口普查数据对李—卡特模型进行估计。事实上，国家统计局在两次人口普查的中期（如 2005 年）通常会进行 1%的抽样调查，在其他年份进行 1‰的抽样调查。在这些有限的抽样调查中，由于被调查的老年人数量相对较少，老年人口的死亡率表现出很大的波动性。因此，对于中国特定年龄的死亡率，没有足够的调查覆盖范围的时间序列。而 2000 年和 2010 年的人口普查数据具有很好的代表性，并以相同的调查方式获得。图 3.4 给出了李—卡特模型对分年龄组的死亡率的年度预测结果。

4. 城乡人口转移率

目前尚无关于分年龄的农村向城镇的转移人口数据，因此我们需要对其进行估算。如前所述，农村人口向城镇人口的转移是由人口迁移和城镇扩张两个因素造成的。这两个因素对不同年龄段的影响不同。人口迁移主要发生在较年轻的年龄组，而城镇扩张所造成的城乡人口转移发生在更广泛的年龄范围内。

我们将分三个步骤估计分年龄的城乡人口转移情况。首先，我们估计了城乡人口的总转移；其次，我们将总转移分解为城镇扩张和人口迁移；最后，我们估计以上两种类型的城乡人口转移的年龄结构，利用估计得到的年龄结构将由城镇扩张而导致的城乡人口转移总数分布在各年龄组上。对由人口迁移而产生的城乡人口转移进行同样的处理，最后计算各年龄段的城乡人口转移率。综上所述，我们对城乡人口转移做出如下假设。

假设 3.5：对于 $t=2011,\cdots,2030$，$k_{it}=k_i$，$\tilde{k}_{it}=\tilde{k}_i$，$k_i=\dfrac{q_i^e e+q_i^g g}{n_i^r}$，$\tilde{k}_i=\dfrac{\tilde{q}_i^e e+\tilde{q}_i^g g}{\tilde{n}_i^r}$。

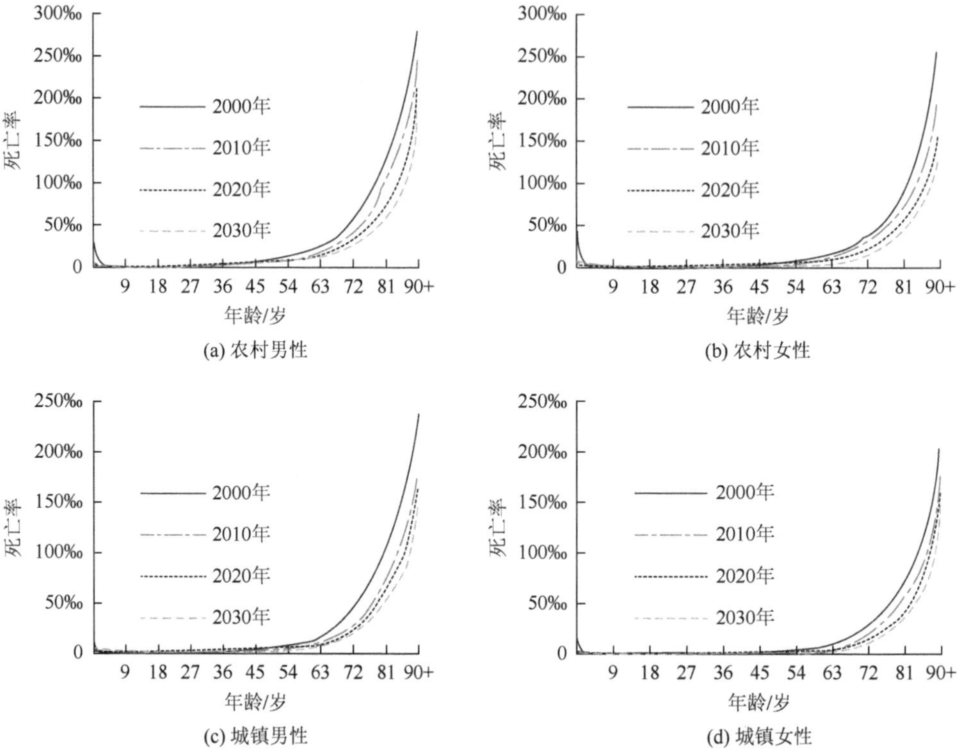

图 3.4　2000 年、2010 年、2020 年和 2030 年的分年龄死亡率

其中，k_i、$\tilde{k}_i$ 分别表示第 i 年龄组的女性和男性城乡人口转移率；n_i^r、$\tilde{n}_i^r$ 分别表示第 i 年龄组的农村女性、农村男性人口数量；e、g 分别表示由城镇扩张和人口迁移而导致的农村—城镇人口转移总量；q_i^e、$\tilde{q}_i^e$ 分别表示第 i 年龄组的女性和男性在由城镇扩张而导致的农村—城镇人口转移总量中所占份额；q_i^g、$\tilde{q}_i^g$ 分别表示第 i 年龄组的女性和男性在由人口迁移而导致的农村—城镇人口转移总量中所占份额。估计过程详细介绍如下。

第一步，估计城乡转移总量。我们使用 Zhang 和 Song（2003）的分解方法来进行估计。其思路如下，城镇人口的实际增长是由自然增长和城乡人口净转移引起的。城镇的自然增长可以用城镇人口的生育率和死亡率来估计。因此，可以通过从实际城镇人口增长中扣除城镇人口自然增长来估计城乡人口转移总量①。国家统计局在城镇人口统计中只包括常住人口（在城镇地区居住 6 个月或以上的人）②。因此在本节中，在城镇短暂居住的来自农村的人口（到城镇地区的时间少于 6 个月）不归入城乡人口迁移。

① 农村人口向城市的过渡也可以通过农村人口的增长来估计。我们发现这两个结果几乎是一样的。

② 在市区常住的人不一定有当地户籍（户口）。相应地，他们可以获得居住证。

表 3.1 显示，城镇人口从 2009 年的 6.4512 亿人增加到 2010 年的 6.6978 亿人。因此，城镇人口的实际增长为 2466 万人。根据 2010 年城镇人口的生育率和死亡率计算，城镇人口的自然增长为 327 万人。因此，农村人口向城镇人口转移的总人数估计为 2466 – 327 = 2139 万人。

表 3.1　城镇人口增长的分解　　单位：万人

年份	城镇人口	人口增长	人口的自然增长	农村—城镇人口过渡	
				人口的城镇扩张	净移民人数
2006	58 288				
2007	60 633	2 345	312	746	1 287
2008	62 403	1 770	340	815	616
2009	64 512	2 109	323	739	1 047
2010	66 978	2 466	327	1 371	768
平均		2 173	326	918	930

第二步，将总体的城乡人口转移分解为城镇扩张和人口迁移。为此，我们估计了城镇扩张所致的部分。考虑到数据的可得性，这部分比人口迁移部分更容易估计。然后，从转移总量中扣除城镇扩张部分得到人口迁移部分。

决定一个地区是农村还是城镇的统计标准发生了几次变化（Zhou and Ma，2003），最后一次发生在 2006 年。根据 2006 年修订后的标准，城乡划分是在居民委员会和村民委员会的基础上进行的。这些是城乡的基本自治组织，即居民委员会由其行政区域内的所有城镇家庭组成并对其进行管理，村民委员会由其行政区域内的所有农村家庭组成并对其进行管理。由于城镇扩张，许多村民委员会在行政上被居民委员会所取代。因此，由城镇扩张而导致的城乡人口转移基本上是由新成立的居民委员会中的人口所反映，这可以根据《中国民政统计年鉴》中的信息来计算[①]。得到由城镇扩张导致的城乡人口转移后，农村向城镇的净转移人口数量可以倒减得到。2009～2010 年，城乡人口转移总数为 2139 万人，其中 1371 万人因城镇扩张而转移为城镇人口。因此农村向城镇的（净）迁移人数为 2139 – 1371 = 768 万人。

表 3.1 给出了 2006～2010 年城镇人口增长的分解结果。该表显示，城镇人口的增长主要是由城乡人口转移引起的，人口迁移和城镇扩张都是城乡人口转移的重要因素。平均而言，城镇扩张和迁移效应的规模基本相同，但其结果在多年内

① 胡英（2003）使用了类似的方法来估计城镇扩张引起的城乡人口转移。在这项研究中，使用了关于新创建城镇的数据（来自《中国民政统计年鉴》）。我们的研究使用了新成立的居民委员会的数据，这遵循了 2006 年的统计标准。

一直波动（而且没有特定的方向）。为了消除波动带来的影响，在假设 3.5 中使用了表 3.1 中 2006～2010 年的平均值，即 $e=918$ 万人，$g=930$ 万人。

对于分年龄段的农村人口数量，我们使用了 2010 年的人口普查数据，该数据反映了中国人口的最新状况，即 $n_i^r=n_{i,2010}^r$ 和 $\tilde{n}_i^r=\tilde{n}_{i,2010}^r$。

第三步，估计年龄结构。我们将 2010 年农村人口的性别年龄结构作为城镇扩张导致的城乡人口转移年龄结构的近似值。使用农村人口计算城镇扩张转移人口的年龄结构是因为原先的农村地区由城镇扩张成为城镇，其中所有的农村人口转变为了城镇人口。综上，我们有：$q_i^e=n_{i,2010}^r\Big/\sum_{i=0}^{h}(n_{i,2010}^r+\tilde{n}_{i,2010}^r)$，$\tilde{q}_i^e=\tilde{n}_{i,2010}^r\Big/\sum_{i=0}^{h}(n_{i,2010}^r+\tilde{n}_{i,2010}^r)$。

关于中国城乡迁移年龄结构，我们没有详细数据。人口普查数据仅报告了总迁移人口的年龄结构，其中包括城镇内部迁移和农村内部迁移，以及农村—城镇迁移。因此将（调整后）的迁移人口年龄结构用作城乡迁移人口年龄结构（即 q_i^g 和 $\tilde{q}_i^g$）的近似值。在研究中国城乡迁移问题时，很多学者也使用了类似的方法，如 Zeng 和 Vaupel（1989）。在迁移人口年龄结构调整过程中，我们将结婚迁移排除在总迁移之外，因为农村人口很难仅仅为了结婚而迁移到城镇地区，如 Sun 和 Fan（2011）。由于被排除在外的结婚移民一般都很年轻，因此，经过调整后，迁移人口年龄结构中年轻人的比例将比调整前小。

图 3.5 显示了估计的按年龄划分的城乡人口转移率，其呈驼峰状，表明年轻劳动力（15～49 岁）的流动性较大。此外，我们发现男性人口比女性人口更具流动性。

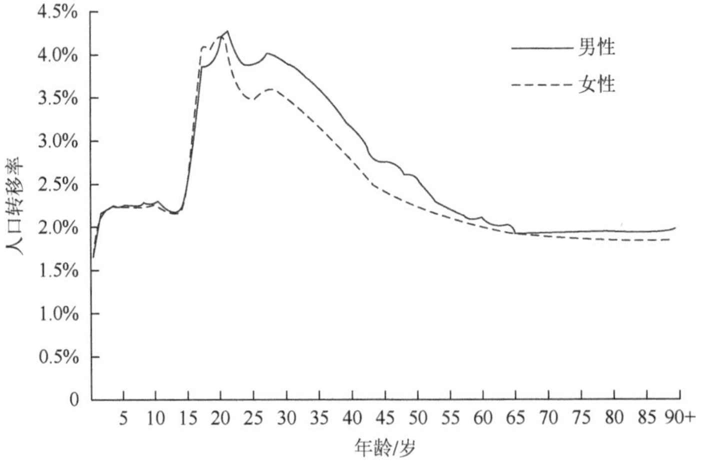

图 3.5　分年龄的城乡人口转移率

假设 3.5 主要对中国未来的城镇化进程进行了刻画。假定 2011～2030 年按年龄划分的城乡人口转移率保持不变。历史数据表明，近几十年来城镇化进程的速度一直是稳定的。2000～2010 年，城镇化率每年增长约 1.4 个百分点。“十二五”期间（2011～2015 年）设定了进一步提高 4 个百分点的目标。这与“十一五”期间（2006～2010 年）中设定的目标相同，但实际上已经超额完成。因此，我们期望的快速城镇化进程将在接下来的几年中持续下去。

3.5 预　测

以 2010 年的人口普查数据为起点，我们使用城乡人口模型，基于两种生育率情景预测了 2020 年[①]至 2030 年的中国人口。人口分为 91 个年龄组：0，1，2，…，90，90+。为方便起见，在表 3.2（生育率不变方案，即假设 3.2）和表 3.3（二孩政策方案，即假设 3.3）中报告预测结果时，将详细结果汇总为 19 个年龄组。

表 3.2　生育率不变情景下的中国人口预测

年龄组	2010 年			2020 年（预计）			2030 年（预计）		
	农村	城镇	总计	农村	城镇	总计	农村	城镇	总计
0～4 岁	6.7%	4.6%	5.7%	5.2%	4.2%	4.6%	4.3%	2.9%	3.3%
5～9 岁	6.1%	4.5%	5.3%	5.8%	4.4%	4.9%	4.7%	3.5%	3.8%
10～14 岁	6.4%	4.9%	5.6%	6.9%	4.5%	5.4%	5.5%	4.2%	4.5%
15～19 岁	7.0%	8.0%	7.5%	6.0%	4.6%	5.1%	5.9%	4.5%	4.9%
20～24 岁	8.5%	10.7%	9.6%	5.8%	5.1%	5.4%	6.5%	4.9%	5.3%
25～29 岁	6.5%	8.7%	7.6%	6.0%	7.8%	7.1%	5.2%	5.0%	5.1%
30～34 岁	6.2%	8.4%	7.3%	7.4%	10.2%	9.1%	5.1%	5.3%	5.3%
35～39 岁	8.0%	9.7%	8.8%	5.6%	8.3%	7.3%	5.4%	7.7%	7.0%
40～44 岁	9.2%	9.5%	9.3%	5.6%	7.8%	7.0%	6.8%	9.8%	8.9%
45～49 岁	7.8%	8.0%	7.9%	7.6%	8.7%	8.3%	5.4%	7.9%	7.2%
50～54 岁	6.0%	5.8%	5.9%	8.8%	8.8%	8.8%	5.6%	7.3%	6.8%
55～59 岁	6.6%	5.6%	6.1%	7.3%	7.4%	7.4%	7.6%	8.1%	8.0%
60～64 岁	4.9%	3.9%	4.4%	5.9%	5.1%	5.4%	8.9%	8.2%	8.4%
65～69 岁	3.5%	2.7%	3.1%	6.2%	4.9%	5.4%	7.0%	6.9%	6.9%
70～74 岁	2.7%	2.2%	2.5%	4.3%	3.4%	3.7%	5.6%	4.5%	4.9%
75～79 岁	2.0%	1.6%	1.8%	2.7%	2.1%	2.3%	5.2%	4.3%	4.6%

① 该项研究开展时，中国 2020 年分年龄段人口数据尚未公布。

续表

年龄组	2010年			2020年（预计）			2030年（预计）		
	农村	城镇	总计	农村	城镇	总计	农村	城镇	总计
80～84岁	1.1%	0.9%	1.0%	1.7%	1.5%	1.6%	3.1%	2.6%	2.8%
85～89岁	0.5%	0.4%	0.4%	0.9%	0.8%	0.9%	1.5%	1.3%	1.4%
90+岁	0.2%	0.1%	0.1%	0.4%	0.4%	0.4%	0.9%	1.0%	1.0%
0～14岁	19.2%	14.0%	16.6%	17.9%	13.2%	14.9%	14.5%	10.5%	11.6%
15～64岁	70.8%	78.2%	74.5%	66.0%	73.7%	70.8%	62.3%	68.8%	66.9%
65+岁	10.1%	7.8%	8.9%	16.2%	13.1%	14.3%	23.2%	20.7%	21.5%
城镇化率			50.0%			62.2%			71.3%

注：表中为经过四舍五入的数据，数据合计可能存在误差

表 3.3　二孩政策情景下的中国人口预测

年龄组	2010年			2020年（预计）			2030年（预计）		
	农村	城镇	总计	农村	城镇	总计	农村	城镇	总计
0～4岁	6.7%	4.6%	5.7%	5.5%	4.7%	5.0%	6.0%	4.7%	5.1%
5～9岁	6.1%	4.5%	5.3%	5.9%	4.4%	5.0%	6.6%	4.5%	5.1%
10～14岁	6.4%	4.9%	5.6%	6.9%	4.5%	5.4%	5.5%	4.5%	4.8%
15～19岁	7.0%	8.0%	7.5%	6.0%	4.5%	5.1%	5.7%	4.4%	4.8%
20～24岁	8.5%	10.7%	9.6%	5.8%	5.1%	5.3%	6.2%	4.7%	5.1%
25～29岁	6.5%	8.7%	7.6%	6.0%	7.8%	7.1%	5.0%	4.8%	4.9%
30～34岁	6.2%	8.4%	7.3%	7.3%	10.1%	9.1%	4.9%	5.1%	5.1%
35～39岁	8.0%	9.7%	8.8%	5.6%	8.2%	7.2%	5.2%	7.4%	6.8%
40～44岁	9.2%	9.5%	9.3%	5.6%	7.7%	6.9%	6.5%	9.4%	8.6%
45～49岁	7.8%	8.0%	7.9%	7.5%	8.7%	8.3%	5.1%	7.6%	6.9%
50～54岁	6.0%	5.8%	5.9%	8.8%	8.7%	8.7%	5.4%	7.0%	6.6%
55～59岁	6.6%	5.6%	6.1%	7.3%	7.4%	7.3%	7.3%	7.8%	7.7%
60～64岁	4.9%	3.9%	4.4%	5.8%	5.1%	5.4%	8.5%	7.9%	8.1%
65～69岁	3.5%	2.7%	3.1%	6.1%	4.9%	5.4%	6.7%	6.7%	6.7%
70～74岁	2.7%	2.2%	2.5%	4.3%	3.3%	3.7%	5.4%	4.4%	4.7%
75～79岁	2.0%	1.6%	1.8%	2.7%	2.1%	2.3%	5.0%	4.1%	4.4%
80～84岁	1.1%	0.9%	1.0%	1.7%	1.5%	1.6%	2.9%	2.5%	2.7%
85～89岁	0.5%	0.4%	0.4%	0.9%	0.8%	0.8%	1.4%	1.3%	1.3%

续表

年龄组	2010 年			2020 年（预计）			2030 年（预计）		
	农村	城镇	总计	农村	城镇	总计	农村	城镇	总计
90+岁	0.2%	0.1%	0.1%	0.4%	0.4%	0.4%	0.8%	1.0%	0.9%
0～14 岁	19.2%	14.0%	16.6%	18.3%	13.6%	15.3%	18.1%	13.7%	15.0%
15～64 岁	70.8%	78.2%	74.5%	65.7%	73.4%	70.4%	59.7%	66.3%	64.4%
65+岁	10.1%	7.8%	8.9%	16.1%	13.1%	14.2%	22.2%	20.0%	20.6%
城镇化率			50.0%			62.2%			71.1%

注：表中为经过四舍五入的数据，数据合计可能存在误差

图 3.6 给出了两种情景下的总人口预测。在生育率不变的情景下，2011～2030 年中国的人口将首先增长，然后逐渐减少。高峰将在 2027 年左右达到，届时总人口将达到 14.035 亿人，到 2030 年总人口将达到 14.021 亿人。在二孩政策的情景下，中国的人口将在整个 2011～2030 年继续增长，到 2030 年，总人口将达到 14.584 亿人，比生育率不变情景下的预测高出 4%。

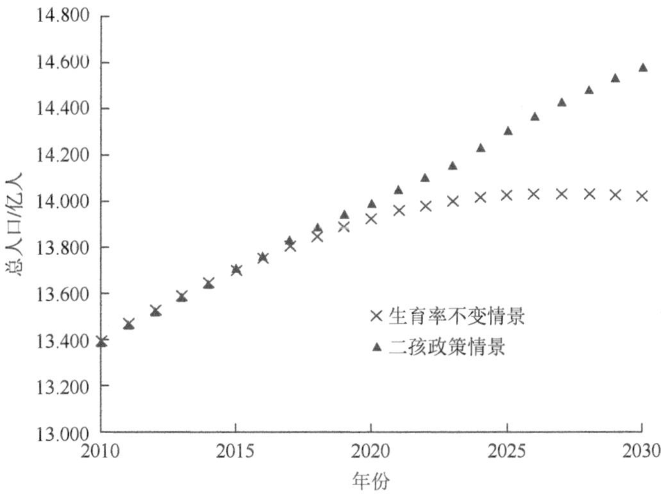

图 3.6　总人口预测（2010～2030 年）

图 3.7 给出了总劳动力的预测，其显示未来 20 年中国劳动力人口将呈现下降趋势。特别是从 2025 年起，中国的劳动力将急剧下降。这是因为 20 世纪 60 年代出生的“婴儿潮”一代将从 2020 年开始陆续进入退休年龄。2010 年至 2030 年，总劳动力将减少约 6%（在生育率不变假设下，从 9.988 亿人减少到 9.382 亿人，在二孩政策假设下减少到 9.392 亿人）。可以看到，对于 2011～2028 年的两种生育率情

景，总劳动力的预测完全相同。原因是，本节中的劳动力被定义为15～64岁的人口，并且二孩政策情景中的TFR在2014年开始增加。生育政策调整只有当新生婴儿在2029年满15岁时才开始影响劳动力数量。为了了解这两种情景对劳动力的不同影响，我们将预测扩展到2050年。如图3.7所示，尽管TFR从2029年开始对劳动力的影响有所增加，但劳动力供给仍将继续减少。二孩政策虽然可以减缓中国劳动力的下降趋势，但却无法扭转其在未来40年内的下降趋势。如图3.7所示，从2029年开始，两种生育率情景的结果之间的差距正在扩大。

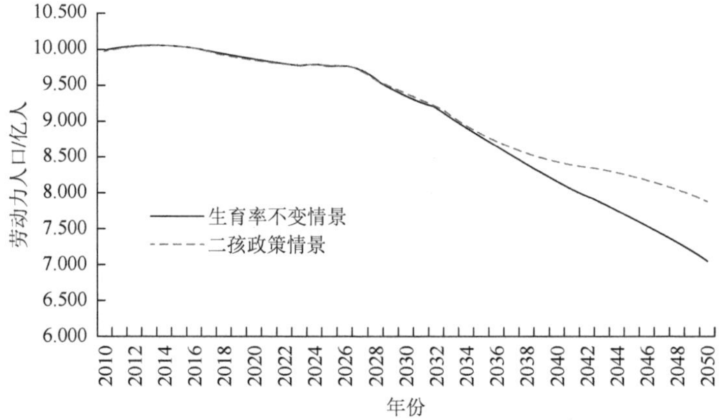

图3.7 劳动力总数（2010～2050年，15～64岁）

表3.2给出了生育率不变情景下每个年龄组人口的预测结果。从结果可以看出，2020～2030年，中国将经历一个相当快的老龄化过程。65岁及以上年龄段的人口比例将从2010年的8.9%增加到2020年的14.3%，到2030年增加到21.5%。2010年，中国的年轻人（0～14岁）几乎是老年人（65岁及以上）的两倍。到2020年，两者数量将大致相同。然而，到2030年，老年人口的数量几乎是年轻人的两倍。

在农村人口中，65岁及以上人口的比例从2010年的10.1%增加到2020年的16.2%，到2030年增加到23.2%。农村老龄人口与城镇老龄人口比例的差距从2010年的2.3个百分点上升到2020年的3.1个百分点，此后在2030年缩小到2.5个百分点。这表明在接下来的几十年中，中国农村地区的老龄化问题仍然比城镇地区更为严重。这是因为，在快速的城镇化和工业化进程中，许多农村青年将迁移到城镇地区。在劳动力人口方面，表3.2显示中国的劳动力人口（15～64岁）在总人口中的比例将从2010年的74.5%下降到2020年的70.8%和2030年的66.9%。

在二孩政策情景下，如表3.3所示，到2030年65岁及以上的人口比例将达到 20.6%。这仅比生育率不变假设的预测低 0.9 个百分点。这两种生育率假设都对 65 岁及以上的年龄组做出了预测，二者的预测结果非常接近。这一发现意味着一些研究人员所建议的二孩政策不能很好地缓解中国的老龄化问题。

表 3.2 和表 3.3 还表明，两种生育率情景下城镇化率的预测结果也非常接近。在二孩政策下，城乡人口 TFR 的增长基本相同，这对农村和城镇人口的增长产生了非常相似的影响。因为婴儿群体的城乡人口转移率很小（图 3.5），并且由于婴儿在农村总人口中所占的比例很小，所以生育政策的变化通过人口迁移对城镇人口增长的影响很小。因此，生育政策的调整不会影响中国的城镇化进程。如果城乡迁移率保持不变，中国的快速城镇化进程将继续下去。到 2030 年城镇化率将达到 71%。2017 年，发达国家的城镇化率在 80%左右①。未来即使继续当前的快速城镇化进程，中国的城镇化水平与发达国家相比仍然相对落后。

3.6　预测结果比较

United Nations 根据中国 2010 年人口普查数据修订了对中国人口的预测。根据 United Nations 关于生育率不变情景的结果，到 2020 年 65 岁及以上人口的比例将达到 11.7%，到 2030 年将达到 16.4%②。这大大低于我们的预测，原因有三。首先，虽然 United Nations 根据中国 2010 年人口普查数据修订了预测，但其报告的 2010 年人口结构与原始数据中的结构有很大的不同。根据 United Nations 的数据，2010 年 0～14 岁年龄组人口占总人口的 18.1%，15～64 岁年龄组的人口占 73.5%，65 岁及以上年龄组的比例为 8.4%，而在 2010 年原始人口普查数据中，相应的比例分别为 16.6%、74.5%和 8.9%。United Nations 数据中的 0～14 岁比例比我们使用的人口普查数据高 1.5 个百分点，劳动力和老年人的份额较小。这一数据上的差异将明显影响未来的预测结果。

其次，United Nations 对中国未来死亡率模式的预测是通过使用发达国家的数据得出的，我们的预测使用了李—卡特模型估计的分年龄段死亡率。这些估算值是基于中国 2000 年至 2010 年的死亡率发展模式及中国人口普查数据得出的。我们认为，使用中国的数据对中国的死亡率进行建模，比使用发达国家的数据更为现实。

① 2017 年，美国的城镇化率为 82%，日本为 94%，德国为 76%，法国为 80%，英国为 83%。

② 根据预测结果和中等生育率假设，2020 年和 2030 年 65+岁人口的比例分别为 11.7%和 16.2%，与生育率不变的预测结果非常接近。对于高等生育率情景，2020 年和 2030 年，65+岁人口的比例分别为 11.4%和 15.4%，比生育率不变情景分别低 0.3 个百分点和 0.8 个百分点。对于低生育率情景，2020 年和 2030 年 65+岁人口比例分别为 12.0%和 17.1%，比生育率不变情景高 0.3 个百分点和 0.9 个百分点。

最后，我们的模型区分了农村和城镇人口，并考虑了城镇化。如前所述，这两个人口群体的人口特征在生育率、死亡率和迁移方面有很大不同。城镇人口的生育率和死亡率明显低于农村人口。同时，在 2010～2030 年将会出现快速的城镇化进程。如果考虑到城镇化，则与忽略城镇化的情况相比，城镇（农村）人口的份额更大（更小）。因此，在考虑城镇化的情况下，中国整体人口的平均生育率和死亡率（以城镇和农村人口的比例作为权重）比忽略城镇化的情况要小。较低的生育率和死亡率（在模型中实施城镇化时）在预测中将产生较大比例的老年人口。也就是说，不考虑城镇化将导致 65 岁及以上人口的比例小于模型中考虑城镇化的情况。

为了量化农村和城镇人口特征差异的影响，我们建立了总人口模型（未区分农村人口和城镇人口）。总人口模型的预测结果显示：在生育率不变的情景下，2030 年 65 岁及以上的人口比例将是 21.0%，这比我们完整的城乡人口模型结果低了 0.5 个百分点（表 3.2）。这一差异与二孩政策所造成的影响相当（比生育率不变情景下的结果少 0.9 个百分点）。因此，在对中国人口进行预测时，农村和城镇人口需要分别建模。

Mai 等（2013）提出了对中国人口的另一个预测。他们使用 2000 年人口普查数据（因为在进行预测时未发布 2010 年的人口普查数据）对中国 2050 年的人口进行了预测。其假设的最低 TFR 为 1.50，远高于国家统计局 2010 年公布的 1.18。另外，他们的模型没有区分城乡人口。在 TFR 为 1.50、死亡率下降保持中等速度的情景下，其对 2020 年和 2030 年中国 65 岁及以上人口比例的预测结果分别为 12%和 17%，明显低于我们的预测结果。对 TFR 的不同假设，对未来死亡率建模的不同方法、不同的基准年数据及对城乡人口异质性的忽视都将导致预测的差异。

此外，很多学者和机构还对 2020 年和 2030 年中国的城镇化率进行了预测。例如，United Nations 的预测结果显示，2020 年和 2030 年中国的城镇化率将分别达到 61.0%和 68.7%，这与我们的预测结果相当接近。

3.7 结　论

随着 20 世纪 60 年代出生的“婴儿潮”一代的退休，中国将经历一个快速老龄化过程。我们开发了一个城乡人口模型对中国的人口总量和结构进行了预测。该模型考虑到农村和城镇人口生育率和死亡率不同，以及中国的城镇化进程对农村、城镇两个群体人口规模的影响。

我们的预测是在两种生育率假设下进行的。首先，生育率不变的情景假设当前的生育政策不会改变。在预测期内，TFR 和按年龄划分的生育率固定在 2010 年的水平上。其次，二孩政策情景反映了中国政府放宽了生育控制政策，并允许所有夫妇生育第二个孩子。TFR 在 2011～2013 年固定在 2010 年的水平上，此后在 2014～2020 年呈线性增长，最终农村 TFR 达到 2.27，城镇 TFR 达到 1.80。

预测结果表明，在二孩政策情景下，人口将继续增长，到 2030 年将达到 14.58 亿人。分年龄段和城乡的预测结果如下：①中国将在 2020～2030 年经历一个快速老龄化的过程。到 2030 年，65 岁及以上的人口占中国总人口的比例将超过 20%。②由于城乡人口的迁移（这是城镇化进程的一个重要因素），农村地区的老龄化问题将比城镇地区更为严重。到 2030 年，65 岁及以上的农村人口比例将比城镇人口多 2 个百分点。③2020～2030 年，中国还将经历一个快速的城镇化进程，城镇化率将从 2010 年的 50%提高到 2030 年的 71%。

我们的预测还表明，中国劳动力的规模将在 2020～2030 年继续下降，在 2010 年至 2030 年，总劳动力将减少 6%。由于至少需要 15 年才能形成新的劳动力，因此，在我们的预测期内（2011～2030 年），劳动力人口的下降不能通过从 2014 年开始放松的生育政策得到逆转。劳动力规模的缩小可能对中国的长期经济增长产生负面影响，这无疑表明了提高劳动生产率对中国未来经济发展的重要性。

最后需要指出的是，我们的预测存在一些局限性。其中之一是我们模型中 TFR 是外生设定的。未来的工作可致力于 TFR 的内生性建模。例如，经济增长已被证明是生育率的一个重要决定因素。另一个局限性是，我们对死亡率的预测没有明确考虑医疗、社会和经济增长带来的影响。对城乡迁移率的处理也存在类似的问题。对于每个年龄段，我们认为迁移率随时间的推移保持不变。然而，众所周知，城乡迁移率取决于农村和城镇地区的相对收入水平（Zhu，2002；Zhang，2012）。农村和城镇收入水平之间的差异可能随着时间的推移而变化，如城镇经济活动中正的集聚效应和负的拥挤效应会随着城镇人口数量的变化而变化。未来的工作中可重点在人口预测模型中考虑生育率、死亡率和迁移率的内生性研究。

参 考 文 献

郭志刚. 2004. 对中国 1990 年代生育水平的研究与讨论. 人口研究，28（2）：10-19.

国家统计局. 2002. 中国 2000 年人口普查资料. 北京：中国统计出版社.

国家统计局. 2012. 中国 2010 年人口普查资料. 北京：中国统计出版社.

胡英. 2003. 城镇化进程中——农村向城镇转移人口数量分析. 统计研究，（7）：20-24.

李善同，刘云中. 2011. 2030 年的中国经济. 北京：经济科学出版社.

张为民，崔红艳. 2002. 对 2000 年人口普查人口总数的初步评价. 人口研究，26（4）：23-27.

中华人民共和国民政部. 2011. 中国民政统计年鉴 2011. 北京：中国统计出版社.

Booth H. 2006. Demographic forecasting：1980 to 2005 in review. International Journal of Forecasting，22：547-581.

Cai Y. 2013. China's new demographic reality：learning from the 2010 census. Population and Development Review，39（3）：371-396.

Girosi F，King G. 2008. Demographic Forecasting. Princeton：Princeton University Press.

Goodkind D M. 2004. China's missing children：the 2000 census underreporting surprise. Population Studies，58：281-295.

Lee R D，Carter L R. 1992. Modeling and forecasting U.S. mortality. Journal of the American Statistical Association，87：659-671.

Li N，Lee R，Gerland P. 2013. Extending the lee-Carter method to model the rotation of age patterns of mortality decline for long-term projections. Demography，50：2037-2051.

Mai Y H，Peng X J，Chen W. 2013. How fast is the population ageing in China. Asian Population Studies，9（2）：216-239.

Morgan S P，Guo Z G，Hayford S R. 2009. China's below-replacement fertility：recent trends and future prospects. Population and Development Review，35（3）：605-629.

Poston D L，Gu B C. 1987. Socioeconomic development，family planning and fertility in China. Demography，24（4）：531-551.

Rogers A. 1995. Multiregional Demography：Principles，Methods and Extensions. Hoboken：John Wiley.

Sun M J，Fan C C. 2011. China's permanent and temporary migrants：differentials and changes，1990-2000. The Professional Geographer，63（1）：92-112.

United Nations. 1956. The Aging of Population and Its Economic and Social Implications. New York：United Nations.

United Nations. 2012. World Urbanization Prospects，the 2011 Revision，Highlights. New York：United Nations.

United Nations. 2013. World Population Prospects，the 2012 Revision. New York：United Nations.

Wilson T，Rees P. 2005. Recent developments in population projection methodology：a review. Population，Space and Place，11：337-360.

Zeng Y. 1996. Is fertility in China in 1991-1992 far below replacement level? Population Studies，50（1）：27-34.

Zeng Y. 2006. A soft landing with the two-children-late-birth policy：need and feasibility. Social Sciences in China，58（2）：93-109 .

Zeng Y. 2007. Options for fertility policy transition in China. Population and Development Review，33（2）：215-246.

Zeng Y，Vaupel J W. 1989. The impact of urbanization and delayed childbearing on population growth and aging in China. Population and Development Review，15（3）：425-445.

Zhang L. 2012. Economic migration and urban citizenship in China：the role of points systems. Population and Development Review，38（3）：503-533.

Zhang G Y，Zhao Z W. 2006. Reexamining China's fertility puzzle：data collection and quality over the last two decades. Population and Development Review，32（2）：293-321.

Zhang K H，Song S F. 2003. Rural-urban migration and urbanization in China：evidence from time-series and cross-section analyses. China Economic Review，14：386-400.

Zhou Y X，Ma L J C. 2003. China's urbanization levels：reconstructing a baseline from the fifth population census. The China Quarterly，173：176-196.

Zhu N. 2002. The impacts of income gaps on migration decisions in China. China Economic Review，13：213-230.

本章附录

本章附录主要介绍了李—卡特模型的估计。

首先，我们需要指出，式（3.1）的估计结果不是唯一的。例如，如果(β_i, v_t)是一个结果，那么对于任何非零常数c，$(c\beta_i$，$v_t / c)$也成立。式（3.1）中的模型是不确定的，并且需要两个约束来识别唯一参数（Girosi and King，2008）①。

$$\sum_{i=0}^{h} \hat{\beta}_i^2 = 1, \quad \sum_{t=1}^{T} \hat{v}_t = 0$$

之后，我们将看到在估计过程中自动满足这两个约束。$\sum_{t=1}^{T} \hat{v}_t = 0$意味着$\hat{\alpha}_i$等同于$\overline{\ln m_l} = \sum_{t=1}^{T} \ln m_{it} / T$。

接下来，我们估计β_i和v_t。令$\tilde{m}_{it} = \ln m_{it} - \overline{\ln m_l}$（中心对数死亡率），之后式（3.1）可以被改写为

$$\tilde{m}_{it} = \beta_i v_t + \varepsilon_{it} \tag{A3.1}$$

矩阵形式：

$$\widetilde{\boldsymbol{M}} = \boldsymbol{\beta} \boldsymbol{v}^{\mathrm{T}} + \boldsymbol{E} \tag{A3.2}$$

其中，$\boldsymbol{\beta} = (\beta_i)_{h\times 1}$，$\boldsymbol{v} = (v_t)_{T\times 1}$，$\boldsymbol{E} = (\varepsilon_{it})_{h\times T}$。

每个时间段（即2000年和2010年）的特定年龄死亡率作为估计参数的观察值。正如Lee和Carter（1992）写道："该模型无法通过普通回归方法进行拟合，因为没有给定的回归变量；在等式的右侧，我们只有要估计的参数和未知指标v_t"。在式（A3.2）中估计参数$\boldsymbol{\beta}$和$\boldsymbol{v}$，需要寻找两个向量$\hat{\boldsymbol{\beta}}$和$\hat{\boldsymbol{v}}$，使$\hat{\boldsymbol{\beta}}\hat{\boldsymbol{v}}^{\mathrm{T}}$最接近矩阵$\widetilde{\boldsymbol{M}}$。可以通过在矩阵$\widetilde{\boldsymbol{M}}$上应用奇异值分解来获得参数的估计值（Lee and Carter，1992；Girosi and King，2008）。$\widetilde{\boldsymbol{M}}$可以分解为

$$\widetilde{\boldsymbol{M}}_{h\times T} = \boldsymbol{USP}^{\mathrm{T}} \tag{A3.3}$$

---

① Lee和Carter（1992）用$\sum_{i=0}^{h} \hat{\beta}_i = 1$作为$\hat{\beta}_i$的约束，而Girosi和King（2008）使用$\sum_{i=0}^{h} \hat{\beta}_i^2 = 1$（即$\hat{\boldsymbol{\beta}}$是具有欧式距离1的向量）。我们采用后一种约束，因为它简化了奇异值分解中的某些计算，与经验应用无关。

其中，$\boldsymbol{S}$ 表示一个 $h \times h$ 的对角矩阵，其在主对角线上具有非负数 $s_1, s_2, \cdots, s_h$（按降序排列，称为 $\widetilde{\boldsymbol{M}}$ 的奇异值）。$\boldsymbol{U}$ 表示一个 $h \times h$ 的正交矩阵（$\boldsymbol{U}^{\mathrm{T}}\boldsymbol{U} = \boldsymbol{I}$），其列 $\boldsymbol{u}_1, \boldsymbol{u}_2, \cdots, \boldsymbol{u}_N$ 称为 $\widetilde{\boldsymbol{M}}$ 的左奇异向量。$\boldsymbol{P}$ 表示一个 $T \times h$ 的矩阵，如果 $T \geqslant h$，则其列是相互正交的；如果 $T < h$，则其前 T 列是相互正交的，其余列为零。这些列 $\boldsymbol{P}_1, \boldsymbol{P}_2, \cdots, \boldsymbol{P}_h$ 称为 $\widetilde{\boldsymbol{M}}$ 的右奇异向量。如果 $\widetilde{\boldsymbol{M}}$ 的秩等于 r，则 $\widetilde{\boldsymbol{M}}$ 具有 r 个正奇异值。然后可以将式（A3.3）进一步重写为

$$\widetilde{\boldsymbol{M}} = s_1 \boldsymbol{u}_1 \boldsymbol{p}_1^{\mathrm{T}} + s_1 \boldsymbol{u}_2 \boldsymbol{p}_2^{\mathrm{T}} + \cdots + s_r \boldsymbol{u}_r \boldsymbol{p}_r^{\mathrm{T}}$$

对应于最大奇异值的矩阵 $s_1 \boldsymbol{u}_1 \boldsymbol{p}_1^{\mathrm{T}}$ 在最小平方意义上给出了 $\widetilde{\boldsymbol{M}}$ 的最佳近似值，（Giros and King，2008）。因此，$\boldsymbol{\beta}$ 的估计值为 $\hat{\boldsymbol{\beta}} = u_1$（即矩阵 $\boldsymbol{U}$ 的第一列）并且 $\boldsymbol{v}^{\mathrm{T}}$ 的估计值为 $\hat{\boldsymbol{v}}^{\mathrm{T}} = s_1 \boldsymbol{p}_1^{\mathrm{T}}$（$\boldsymbol{S}$ 的第一对角元素与 $\boldsymbol{P}^{\mathrm{T}}$ 的第一行向量的乘积）。或者，也可以通过 $\hat{\boldsymbol{v}}^{\mathrm{T}} = \hat{\boldsymbol{\beta}}^{\mathrm{T}} \widetilde{\boldsymbol{M}}$ 获得 $\boldsymbol{v}^{\mathrm{T}}$ 的估计值（因为 $\boldsymbol{U}^{\mathrm{T}} \widetilde{\boldsymbol{M}} = \boldsymbol{S}\boldsymbol{P}^{\mathrm{T}}$）。

由于 $\hat{\boldsymbol{\beta}}$ 是正交矩阵 $\boldsymbol{U}$ 的第一列，因此其长度等于 1。因此满足了约束条件 $\sum_{i=0}^{h} \hat{\beta}_i^2 = 1$。此外，由于 $\tilde{m}_{it} = \ln m_{it} - \overline{\ln m_t}$，$\widetilde{\boldsymbol{M}}$ 矩阵行的总和（即在 t 上的总和）等于 0。因此，我们有 $\hat{\boldsymbol{v}}^{\mathrm{T}} \boldsymbol{i} = \hat{\boldsymbol{\beta}}^{\mathrm{T}} \widetilde{\boldsymbol{M}} \boldsymbol{i} = 0$（其中 $\boldsymbol{i}$ 表示元素全部为 1 的列向量），即满足约束条件 $\sum_{t=1}^{T} \hat{v}_t = 0$。

第4章　人口变化对中国未来劳动力职业需求结构的影响

4.1　引　　言

第 3 章的预测结果显示，在接下来的几十年中，中国将经历大的人口结构变化。20 世纪 80 年代实施的独生子女政策导致的低生育率、20 世纪 60 年代出生的庞大的“婴儿潮”一代的退休，中国的人口老龄化进程将加快。根据第 3 章的预测，65 岁及以上人口在总人口中的比例将从 2010 年的 8.9%增加到 2030 年的 21.5%左右。2010 年到 2030 年，劳动年龄人口将减少约 6%。同时，中国快速的城镇化进程有望继续。根据第 3 章的预测，城镇化率（城镇人口居住总人口的比例）将从 2010 年的 50%增加到 2030 年的 71%。

大规模的人口变化会对社会经济系统的各个方面产生重要影响，因为它会影响储蓄行为、资本形成、劳动力供给、税率和实际工资等方面（Miles，1999）。本章试图评估中国人口变化对未来 20 年不同职业类型人才需求的影响。该预测具有重要意义，原因在于：①培训通常需要相当长的时间（在中国，大学教育进行的培训通常需要三年到四年）；②劳动力的结构变化是一个缓慢的过程，因为在任何时间点，应届毕业生只占整个劳动力队伍的一小部分。当前，制订适当的教育计划可以帮助避免将来进行成本高的就业调整和再培训活动。

在本章中，假定特定职业的劳动力需求的变化主要是由人口变化导致的家庭消费水平和结构变化引起的，如 Deaton 和 Muellbauer（1980a）进行的关于家庭人口特征与其消费决策之间关系的开创性研究。人口驱动的家庭消费变化将通过影响生产活动导致行业产出水平的变化。劳动生产率水平（和增长率）及就业的职业结构因行业而异，因此行业产出的变化将导致整个经济领域针对特定职业类型的劳动力需求发生变化。

通过人口驱动的需求系统和分行业—职业的就业账户，我们首先构建出一个标准的投入产出模型，进一步利用投入产出模型建立人口变化与不同职业类型工人需求之间的关系。人口驱动的需求系统利用中国家庭收入项目（China household income project，CHIP）数据建立，分行业—职业的就业账户利用 2010 年人口普查数据构建。

从某种意义上讲，本章中的方法类似于 Leontief 和 Duchin（1986）的分析。

他们评估了 1980～2000 年自动化对美国就业结构的影响。由于需要体现资本品对技术变革的影响，他们采用了动态投入产出模型。对于本章的研究，使用具有时变参数和动态外生变量的标准投入产出模型足够。本章的研究和分析还与其他一些重要文献有关。例如，Batey 和 Madden（1981）、Madden 和 Batey（1983）基于投入产出方法研究了消费、人口迁移和总体就业之间的重要联系。Yoon 和 Hewings（2006）、Kim 等（2015）通过把几乎理想需求系统（almost ideal demand system，AIDS）（Deaton and Muellbauer，1980b）与投入产出模型结合，研究了老龄化和收入分配对（芝加哥）经济的影响，但这些文献并未关注对就业结构的影响。

本章安排如下。4.2 节总结了第 3 章有关人口变化的研究结果，简要介绍了中国未来的人口变化。4.3 节中，我们概述了将人口变化与中国未来特定职业的劳动力需求联系起来的模型。4.4 节使用 CHIP 数据量化了具有不同人口特征的家庭的消费行为差异。结果表明，中国年龄结构的变化和快速的城镇化将对中国居民消费结构产生巨大影响，因此也将对 2030 年中国经济所需的劳动力类型产生重大影响。4.5 节详细描述了为评估人口结构变化带来的影响而设计的情景。我们提出了两种情景，一种是基准情景，另一种是由出口增长放缓引起的中国经济增速放缓的情景。两种情景下模型的模拟结果在 4.6 节中进行介绍，该部分还量化了人口变化导致的影响程度及对中国教育和培训计划所提出的政策建议。

4.2 中国的人口变化

第 3 章的研究表明，在接下来的 20 年中，中国将经历一个快速老龄化的过程。这一过程主要是由 20 世纪 60 年代出生的庞大的“婴儿潮”一代的退休、独生子女政策导致的低生育率及死亡率降低所推动的。在未来的 20 年中，中国极有可能继续其快速的城镇化进程。农村劳动力将在具有更好就业机会的城区工作，并且随着城镇区域的扩张很多农村地区将变成城镇。

第 3 章对未来人口结构变化的预测结果总结如下。城镇化率将从 2010 年的 50%增加到 2030 年的 71%。人口的年龄分布变化如图 4.1 所示。老龄（65 岁及以上）人口比例将大幅增加，而劳动力人口（15～64 岁）的比例将大幅下降，从 2010 年的 75%降低到 2030 年的 67%。对于农村人口来说，由于年轻人向城市迁移，老龄化问题更加严重。到 2030 年，只有 62%的农村人口年龄在 15～64 岁。

未来有限的劳动力将对中国产生重要影响，但如果劳动力的能力不适应 2030 年中国经济的需求，问题将更加紧迫。具有不同人口特征的家庭往往具有不同的消费特征，迅速的人口变化不可避免地将导致经济结构的显著变化。4.3 节将介绍

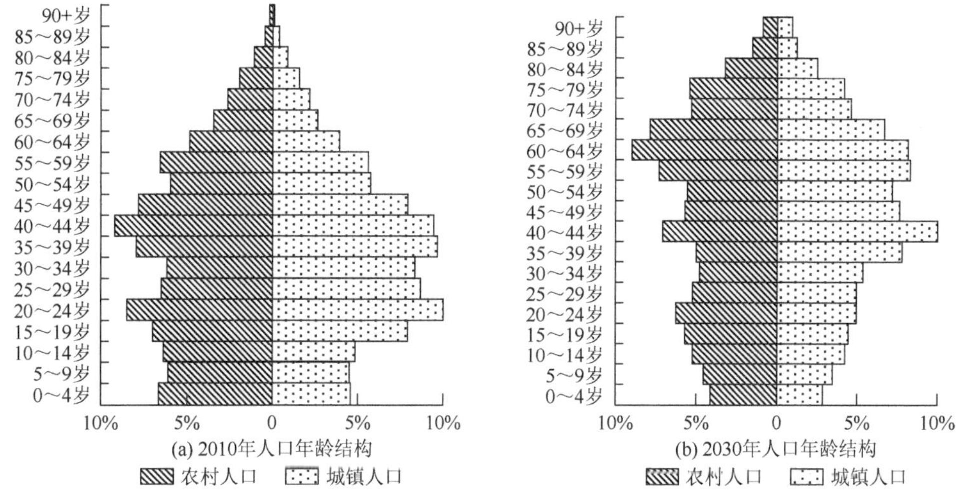

图 4.1　2010 年（实际）和 2030 年（预计）的中国人口年龄结构

预测 2030 年人口变化对中国劳动力职业需求结构影响的模型。该模型以投入产出模型为核心，同时结合了反映家庭消费行为的计量模型。

4.3　预测未来就业需求的动态模型

许多实证研究发现，具有不同人口统计特征的家庭在消费方面也表现不同（Deaton and Muellbauer，1980a）。例如，我们可以预期，年轻人在交通消费方面的预算比例高于老年人，老年人在医疗保健方面的支出比例高于年轻人。由于农村家庭和城市家庭之间的收入差距很大，预计城市家庭的平均支出将高于农村家庭。无论是在水平上还是在结构上，中国未来人口老龄化和城市化的变化将对中国家庭消费产生重要影响。

从需求方面看，家庭消费的变化将通过产业关联引起产业总产出水平的变化。此外，就业的职业构成因行业而异。例如，农业需要很大比例的农作物生产工人，而卫生服务业需要大量的卫生技术人员。因此，产业总产出水平的变化将导致中国经济整体上不同职业类型的劳动力需求的变化。为测算这种影响，应将投入产出模型、人口驱动的需求系统和分行业—职业的就业账户整合起来（图 4.2）。

1. 投入产出模型

投入产出模型为整个模型的基本模块，其他模块如需求系统和就业账户都与之相关联。投入产出模型在就业分析中得到广泛应用（Leontief and Duchin，1986；Wolff，2006；Gunluk-Senesen，2011）。传统的投入产出模型可以写成：

$$\boldsymbol{X}=(\boldsymbol{I}-\boldsymbol{A})^{-1}\boldsymbol{f}=\boldsymbol{L}\boldsymbol{f}=\boldsymbol{L}(\boldsymbol{c}+\boldsymbol{g})$$

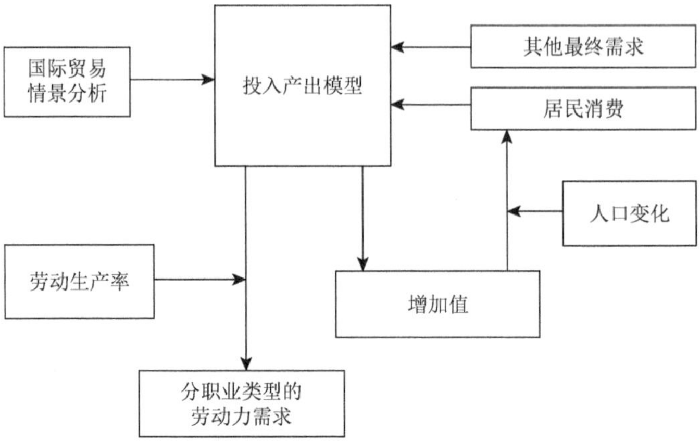

图 4.2　分职业类型的劳动力需求模型示意图

其中，$\boldsymbol{X}$ 表示总产出向量（$n\times1$ 中的 n 为行业数量）；$\boldsymbol{A}$ 表示国内投入系数矩阵（$n\times n$）；$\boldsymbol{L}=(\boldsymbol{I}-\boldsymbol{A})^{-1}$ 表示列昂惕夫逆矩阵（$n\times n$）；$\boldsymbol{f}$ 表示国内产品最终需求向量（$n\times1$），它可以进一步分为（$n\times1$）家庭消费需求向量 $\boldsymbol{c}$ 和其他最终需求（政府支出、投资和出口）向量 $\boldsymbol{g}$。

列昂惕夫逆矩阵是投入产出模型的核心。其中的元素 L_{ij} 表示部门 j 生产单位最终产品所完全需要的第 i 部门产品的数量。将部门 j 的增值率定义为 $w_j=v_j/x_j$（v_j 是部门 j 的增加值），那么一个经济体的总增加值 v（或 GDP）可以表示为

$$v=\boldsymbol{w}^{\mathrm{T}}\boldsymbol{L}(\boldsymbol{c}+\boldsymbol{g})$$

其中，$\boldsymbol{w}^{\mathrm{T}}$ 表示增值率的行向量。

我们划分了 d 种不同的职业类型，并用 e_{ij} 表示部门 j 生产中所雇用的第 i 种职业类型的工人数量。分职业类型的劳动力系数定义为 $q_{ij}=e_{ij}/x_j$。满足最终需求 $\boldsymbol{f}=\boldsymbol{c}+\boldsymbol{g}$ 所需的每种职业的工人人数为

$$\boldsymbol{e}=\boldsymbol{Q}\boldsymbol{L}(\boldsymbol{c}+\boldsymbol{g})$$

其中，$\boldsymbol{e}$ 表示分职业类型的劳动力需求向量（$d\times1$）；$\boldsymbol{Q}$ 表示分职业类型的劳动力系数矩阵（$d\times n$）。

考虑到分析中包含时间维度，我们用以下公式来计算起始年份 t 的分职业类型的劳动力需求和 GDP。

$$\boldsymbol{e}_t=\boldsymbol{Q}_t\boldsymbol{L}_t(\boldsymbol{c}_t+\boldsymbol{g}_t) \tag{4.1}$$

$$v_t=\boldsymbol{w}_t^{\mathrm{T}}\boldsymbol{L}_t(\boldsymbol{c}_t+\boldsymbol{g}_t) \tag{4.2}$$

2. 家庭消费模型

为了建立人口变化对家庭消费影响的模型，根据以下因素对家庭进行分组：①户主所属的年龄组；②家庭居住的地区类型（城市或农村）。如果用 m 来表示年龄组的数量，可以区分 $2m$ 个家庭群体。

在一个经济体中，家庭从国民总收入（gross national income，GNI）的分配中获得收入，并将其用于各种商品的消费。然而，在投入产出框架中，只包括国内产业产生的增加值，这些按行业划分的增加值合计为 GDP。根据 2008 年国民账户体系，GNI 与 GDP 之间的差额是从国外获得的初始要素净收入。中国 GDP 的一部分作为外国投资者的资本收入，因此不属于 GNI 的一部分。同时，国内企业和家庭因其外国资产而获得的收入是 GNI 的一部分但不包含在中国的 GDP 中。由于我们的模型框架中没有明确包括国外直接投资（foreign direct investment，FDI），所以我们假设 GNI 与 GDP 之间的比率随时间保持稳定：

$$m_t = \delta v_t \tag{4.3}$$

其中，m_t 表示第 t 年的 GNI；v_t 表示第 t 年的 GDP；δ 表示 GNI 和 GDP 的比率。图 4.3 显示，尽管中国向内和对外的 FDI 活动充满活力，但值基本保持平稳。

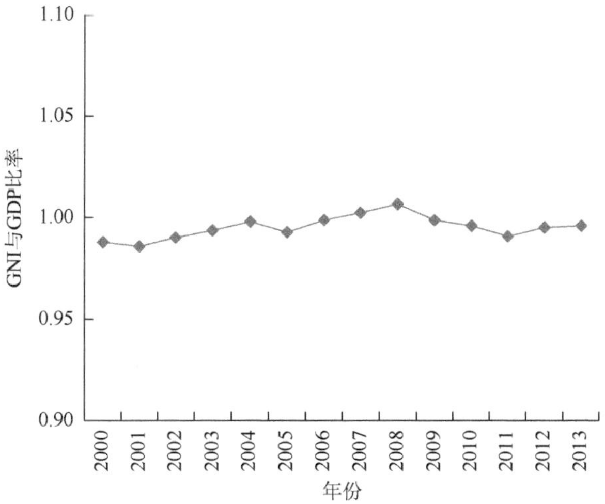

图 4.3　GNI 与 GDP 之比

接下来，我们对不同家庭群体的收入进行建模。我们假设每个家庭组内的收入分配不会随着时间的推移而改变，并且这些组内的分配是完全相同的：同一组中的所有家庭都获得相同的收入（即平均收入）。因此，GNI 与各群体家庭收入之间存在以下关系：

$$y_{kt}^{r}=\overline{y}_{kt}^{r}=a_{kt}^{r}m_{t}, \quad y_{kt}^{u}=\overline{y}_{kt}^{u}=a_{kt}^{u}m_{t} \tag{4.4}$$

其中，y_{kt}^{r}表示k年龄段每个农村家庭的收入；y_{kt}^{u}表示k年龄段每个城市家庭的收入；$\overline{y}_{kt}^{r}$表示k年龄段所有农村家庭的平均收入；$\overline{y}_{kt}^{u}$表示k年龄段所有城市家庭的平均收入；a_{kt}^{r}、a_{kt}^{u}分别表示第t年y_{kt}^{r}和y_{kt}^{u}在GNI中所占的比例。

关于家庭消费，我们首先对每个家庭的总消费水平进行建模，然后考虑消费结构。我们假设$t+1$年的消费由第t年的家庭收入决定，并且每组中的所有家庭都有相同的消费倾向。在此假定下，k年龄段家庭第$t+1$年的消费水平和第t年的收入水平满足以下关系：

$$z_{k(t+1)}^{r}=\overline{z}_{k(t+1)}^{r}=b_{k(t+1)}^{r}\overline{y}_{kt}^{r}, \quad z_{k(t+1)}^{u}=\overline{z}_{k(t+1)}^{u}=b_{k(t+1)}^{u}\overline{y}_{kt}^{u} \tag{4.5}$$

其中，$z_{k(t+1)}^{r}$表示第$t+1$年k年龄段每个农村家庭的总消费水平；$z_{k(t+1)}^{u}$表示第$t+1$年k年龄段每个城市家庭的总消费水平；$\overline{z}_{k(t+1)}^{r}$表示第$t+1$年$k$年龄段农村家庭总消费水平的平均值；$\overline{z}_{k(t+1)}^{u}$表示第$t+1$年$k$年龄段城市家庭总消费水平的平均值；$b_{k(t+1)}^{r}$、$b_{k(t+1)}^{u}$分别表示$k$年龄段农村和城市家庭的消费倾向。

结合式（4.3）～式（4.5），第$t+1$年各类型家庭的总消费水平与第t年的GDP的关系满足：

$$z_{k(t+1)}^{r}=\overline{z}_{k(t+1)}^{r}=b_{k(t+1)}^{r}a_{kt}^{r}\delta v_{t} \tag{4.6}$$

$$z_{k(t+1)}^{u}=\overline{z}_{k(t+1)}^{u}=b_{k(t+1)}^{u}a_{kt}^{u}\delta v_{t} \tag{4.7}$$

式（4.6）和式（4.7）表示，如果a_{k}^{r}、a_{k}^{u}、b_{k}^{r}和b_{k}^{u}不随时间改变，则不同年龄组家庭的收入分配不会随时间变化，并且第$t+1$年各组的平均消费增长率与第t年的GDP增长率相同。如果a_{k}^{r}、a_{k}^{u}、b_{k}^{r}和b_{k}^{u}随时间变化，则不同年龄组家庭的收入分配将发生变化，并且特定组的消费增长率可能与GDP增长率不同。

家庭消费的构成通常会随着消费水平的增长而沿恩格尔曲线变化。令$s_{ik(t+1)}^{r}$和$s_{ik(t+1)}^{u}$分别表示在$t+1$年k年龄组中每个农村和城市家庭的总消费支出中消费类别i的比例。$s_{ik(t+1)}^{r}$和$z_{k(t+1)}^{r}$、$s_{ik(t+1)}^{u}$和$z_{k(t+1)}^{u}$之间的关系满足：$s_{ik(t+1)}^{r}=\alpha_{ik}^{r}+\beta_{ik}^{r}\ln z_{k(t+1)}^{r}$和$s_{ik(t+1)}^{u}=\alpha_{ik}^{u}+\beta_{ik}^{u}\ln z_{k(t+1)}^{u}$。

上述模型的设置形式是AIDS的简化形式（Deaton and Muellbauer，1980b）。经验研究表明，AIDS满足许多理想的特性。如果随着收入的增长，某种产品在特定类型家庭的消费中趋于变得相对重要，则相关的β为正，奢侈产品通常会出现这种情况。对于食品等基本产品，其消费份额将随着收入水平的升高而降低，并且β为负。

如果各个年龄组家庭的总消费水平及消费结构确定了，则$t+1$年整个经济的家庭消费束（表示为$\boldsymbol{c}_{t+1}$）满足：

$$\boldsymbol{c}_{t+1}=\sum_{k=1}^{m}\boldsymbol{s}^{r}_{k(t+1)}\overline{z}^{r}_{k(t+1)}h^{r}_{k(t+1)}+\sum_{k=1}^{m}\boldsymbol{s}^{u}_{k(t+1)}\overline{z}^{u}_{k(t+1)}h^{u}_{k(t+1)} \tag{4.8}$$

其中，$\boldsymbol{s}^{r}_{k(t+1)}$、$\boldsymbol{s}^{u}_{k(t+1)}$ 分别表示农村和城市 k 年龄组每个家庭由 $s^{r}_{ik(t+1)}$ 及 $s^{u}_{ik(t+1)}$ 组成的消费结构向量；$h^{r}_{k(t+1)}$、$h^{u}_{k(t+1)}$ 表示在 $t+1$ 年 k 年龄组的农村和城市家庭数量。4.5 节将讨论每个年龄组家庭数量的演变假设。

将家庭消费向量代入式（4.1）和式（4.2）中可得到由家庭消费变化所引致的不同职业类型劳动力需求的变化及 GDP 的变化。另外，这些方程式右侧的其他因素（即 $\boldsymbol{Q}_{t+1}$、$\boldsymbol{L}_{t+1}$ 和 $\boldsymbol{g}_{t+1}$）极可能随时间发生改变。我们假定这些因素不依赖于模型中的其他变量，在 4.5 节中将根据不同的情景假设对其进行预测。分职业类型的劳动力需求系数矩阵 $\boldsymbol{Q}_{t+1}$ 的元素主要受劳动生产率变化的影响。对于 $\boldsymbol{L}_{t+1}$，我们假定技术系数（各部门生产单位产品所直接投入的各种中间品的数量）随时间保持稳定，但列昂惕夫逆矩阵 $\boldsymbol{L}_{t+1}$ 的元素可能发生变化。例如，国内品对进口品进行替代后，国内品直接投入系数矩阵 $\boldsymbol{A}$ 的元素会变大，列昂惕夫逆矩阵 $\boldsymbol{L}=(\boldsymbol{I}-\boldsymbol{A})^{-1}$ 是 $\boldsymbol{A}$ 的一个变换，从而列昂惕夫逆矩阵的元素也会变大。对于 $\boldsymbol{g}_{t+1}$ 的预测，我们主要基于未来投资增长和出口需求增长的情景进行讨论。

给定 $t+1$ 时期的家庭消费、其他最终需求、列昂惕夫逆矩阵及分职业类型的劳动力需求系数之后，利用式（4.1）即可确定 $t+1$ 时期分职业类型的劳动需求水平。此外，如果假设增加值系数随时间保持不变，则 $t+1$ 年的 GDP 即可通过式（4.2）确定：

$$\boldsymbol{e}_{t+1}=\boldsymbol{Q}_{t+1}\boldsymbol{L}_{t+1}(\boldsymbol{c}_{t+1}+\boldsymbol{g}_{t+1})$$

$$v_{t+1}=\boldsymbol{w}^{\mathrm{T}}_{t+1}\boldsymbol{L}_{t+1}(\boldsymbol{c}_{t+1}+\boldsymbol{g}_{t+1})$$

给定 $t+1$ 时期的 GDP，式（4.6）和式（4.7）可进一步确定 $t+2$ 时期的家庭消费水平和结构，再加上式（4.1）和式（4.2）中剩余变量在 $t+2$ 时期的情景分析结果，可得到 $t+2$ 时期的 GDP。重复以上过程，可得到分职业类型的劳动需求量的动态预测结果。除了可以得到不同职业类型劳动力需求的预测结果以外，我们的建模方法还可以对人口变化的影响进行量化。如果将各个年龄段的农村和城市家庭的数量固定在最初年份的水平，则可以得到人口变量不变的情况下不同职业类型劳动力的需求量。该情况下的需求量与我们预测得到的需求量之差即为人口变化对不同职业类型劳动力需求的影响。

4.4　中国家庭：人口特征和消费行为

人口变化对就业需求的影响是通过影响家庭消费差异引起的。因此，人口因素与家庭消费之间的关系在我们的模型中起着至关重要的作用。本节主要对不同类型家庭的消费水平（即 $\overline{z}_k^r$ 和 $\overline{z}_k^u$）和消费结构（即 s_k^r 和 s_k^u）进行分析。4.5 节将讨论不同类型家庭的恩格尔曲线。

1. 按年龄分组的家庭消费数据

我们用于分析的消费数据来自 CHIP，这是由中国社会科学院经济研究所、亚洲开发银行和福特基金会共同发起的一项联合研究项目。本节研究开展时仅可获得 2002 年的数据。

2002 年 CHIP 数据是通过 2002 年年底在农村和城市地区进行的一系列基于问卷调查的方式收集的，这是国家统计局抽取的更大样本的子样本。2002 年 CHIP 数据涵盖 12 个省级地区。北京、广东、江苏和辽宁代表中国的沿海地区。安徽、河南、湖北和山西代表中部地区，而重庆、甘肃、四川和云南代表西部地区。数据中涵盖了 9200 个农村家庭和 6835 个城市家庭，数据中涉及的家庭层面和家庭成员层面的特征非常全面，因此 2002 年 CHIP 数据已用于许多学术研究中（Démurger et al.，2009；Appleton et al.，2010；Baldacci et al.，2010；Wei and Zhang，2011；Liu，2012）。

在 2002 年 CHIP 数据中，城市家庭消费包括八大类消费：①食品；②衣着；③家庭设备、设施和服务；④医疗保健；⑤交通通信；⑥教育文化娱乐服务；⑦居住；⑧杂项商品和服务。对于农村家庭，2002 年 CHIP 数据仅列出了总消费支出和以下七个类别的支出：①食品；②衣着；③家庭设备、设施和服务；④医疗保健；⑤交通通信；⑥教育；⑦居住。没有报告文化和娱乐服务及杂项商品和服务的支出。未报告项目的总和可以通过从总消费支出中扣除上述七个消费类别而获得，我们将其缩写为 CRM（cultural and recreatimal services，and miscellaneons goods and services，文化和娱乐服务及杂项商品和服务）。为了实现农村家庭与城市家庭的可比性，我们将城市家庭在文化和娱乐服务及杂项商品和服务上的支出合并，得到相同的消费类别。

在 2002 年 CHIP 数据中，农村和城市家庭的居住消费的定义不同。对于城市家庭，居住消费包括租金支出、房屋修理、装修、电、水、煤气和暖气。但是，农村家庭的居住消费范围更广，它还包括建造和购买房屋的支出。在国民经济核算数据中，用于建造和购买房屋的家庭支出记为投资，而不是居民消费。出于可比性目的，我们从农村家庭的住房消费中扣除建造和购买房屋的支出，并将其视为投资而非消费。

对家庭按年龄进行分组时，需要考虑样本量与样本内同质性之间的权衡。要估算每个年龄段的恩格尔曲线，每个组都需要足够的观察值，同时这些年龄组中的家庭应显示出相同的消费行为模式。最终，我们根据户主年龄将家庭分为 9 组：20～29 岁、30～34 岁、35～39 岁、40～44 岁、45～49 岁、50～54 岁、55～59 岁、60～64 岁和 65 岁及以上。分组的起始年龄定为 20 岁，因为中国 20 岁以下的户主人数很少。除最年轻的组和年龄最大的组外，我们使用 5 岁的年龄间隔。对于最年轻的组，由于 20～24 岁组中的观测值较少，因此使用 10 年为间隔。对于年龄最大的组，我们使用开区间，以避免样本量过少，同时可以确保假设死亡率在降低的情况下，所有家庭都被包括在内。每个年龄组平均户数为 891 户（农村为 1022 户，城市为 759 户），最小样本量为 145 户（城市 20～29 岁的年龄组）。

2. 人口特征和消费水平

我们首先研究了不同年龄组家庭总消费支出的差异。如图 4.4 所示，农村和城市家庭消费随年龄的变化基本呈现出倒“U”形的模式。根据文献，该模式主要由两个因素引起。首先，工人工资在生命周期中的分布通常呈倒“U”形（Heckman，1974；Deaton and Muellbauer，1980a），中年人通常具有较高的工资收入。其次，家庭成员中孩子的数量随时间先增加后随着孩子长大成人离开家庭而减少，这将产生倒“U”形的家庭规模，从而影响消费支出的年龄分布（Browning et al.，1985）。

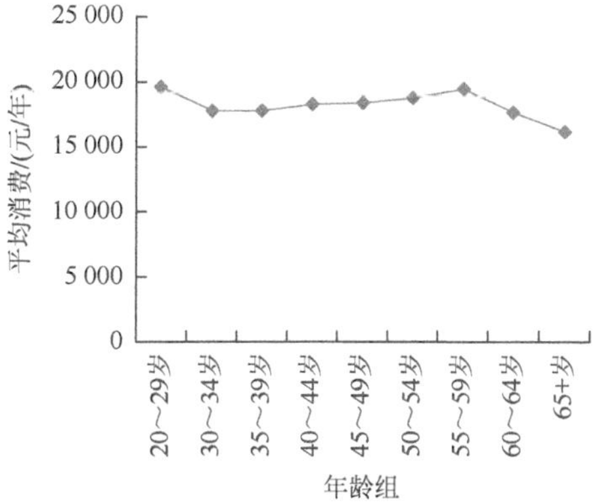

(a) 城市家庭

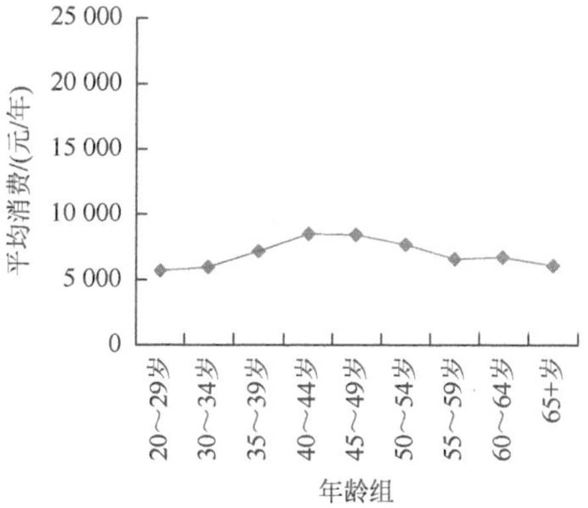

(b) 农村家庭

图 4.4　2002 年分年龄组家庭消费概况

我们还发现城乡居民的年龄消费特征之间存在差异。首先，每个年龄组城市家庭的平均消费远远大于对应的农村家庭组。这主要是由巨大的城乡收入差距造成的。2002 年，城市家庭与农村家庭的平均收入比为 3.11。在中国未来的城镇化进程中，城市家庭在家庭总数中所占的比例将会增加。因此，可以预期，即使城乡地区的平均收入水平保持不变，中国的家庭消费需求也会随着城镇化的推进而增加。其次，农村家庭消费水平在较年轻的年龄组较低。农村家庭平均消费水平在 40～44 岁组达到峰值，而城市家庭在 55～59 岁组达到峰值。这种差异可能是由大多数农村工人为体力劳动者，而大多数城市工人为非体力劳动者引起的。体力劳动者的生命周期工资曲线通常比非体力劳动者的工资曲线更早达到峰值（Deaton and Muellbauer，1980a）。最后，与农村年轻家庭不同，城市年轻家庭（20～29 岁组）的消费水平很高。如图 4.4（a）所示，城市家庭从 20～29 岁组到 30～34 岁组的平均消费水平大幅下降。2002 年 CHIP 数据显示，这一大幅下降主要是由食品，家用设备、设施和服务，交通通信及医疗保健方面的消费支出减少引起的。20～29 岁组家庭平均每年比 30～34 岁组家庭在食品上多支出 832.4 元，在家庭设备、设施和服务方面多支出 366.4 元，在交通通信方面多支出 367.1 元。在医疗保健方面，20～29 岁组的家庭平均花费比 30～34 岁组的家庭多 348.6 元。20～29 岁组中的城市家庭在所有消费类别上的支出均高于同一组的农村家庭，尤其是在食品、衣着、交通通信及 CRM 上。

3. 人口特征和消费结构

表 4.1 和表 4.2 分别记录了按年龄组划分的农村和城市家庭的消费结构。在进行比较时，不考虑农村和城市地区在这八大类消费的相对价格方面的差异。不过，实际中这些差异可能很大。例如，农村地区的居住价格明显低于城市地区。根据国家统计局（2003 年）的数据，1997 年至 2002 年，城市家庭的居住价格上涨了 17.6%，而同期农村家庭居住价格仅上涨了 1.9%。

表 4.1　按年龄组分的农村家庭消费结构

年龄组	食品	衣着	家庭设备、设施和服务	医疗保健	交通通信	教育	居住	CRM	平均消费/(元/年)
20～29 岁	55.11%	6.57%	4.61%	9.64%	7.24%	1.54%	9.58%	5.71%	5746.9
30～34 岁	51.50%	7.47%	4.18%	5.73%	8.11%	4.72%	11.54%	6.75%	5944.3
35～39 岁	48.18%	6.80%	4.35%	5.18%	7.49%	9.38%	10.86%	7.75%	7187.5
40～44 岁	43.73%	6.65%	3.55%	5.25%	8.88%	13.16%	9.61%	9.16%	8542.7
45～49 岁	45.49%	6.12%	3.67%	5.10%	7.51%	12.29%	10.46%	9.38%	8372.2
50～54 岁	49.46%	5.55%	4.64%	6.41%	8.00%	6.12%	11.57%	8.25%	7686.0
55～59 岁	52.83%	5.29%	4.31%	7.73%	7.15%	3.84%	11.68%	7.18%	6617.4
60～64 岁	52.55%	4.90%	3.87%	9.96%	5.65%	3.16%	12.28%	7.64%	6743.1
65+岁	54.60%	5.49%	3.59%	8.12%	5.91%	4.24%	10.23%	7.81%	6137.0

资料来源：根据 2002 年 CHIP 数据计算

注：表中为经过四舍五入的数据，数据合计可能存在误差

表 4.2　按年龄组分的城市家庭消费结构

年龄组	食品	衣着	家庭设备、设施与服务	医疗保健	交通通信	教育	居住	CRM	平均消费/(元/年)
20～29 岁	35.94%	11.50%	8.08%	6.82%	12.26%	5.41%	8.90%	11.10%	19 586.6
30～34 岁	34.79%	12.13%	6.81%	5.53%	11.40%	8.16%	8.44%	12.74%	17 843.2
35～39 岁	35.67%	11.77%	6.62%	4.62%	10.05%	8.96%	11.30%	11.01%	17 783.4
40～44 岁	38.44%	10.88%	5.30%	4.99%	10.03%	11.83%	8.47%	10.05%	18 264.5
45～49 岁	37.37%	9.37%	6.10%	5.06%	10.81%	12.43%	9.53%	9.32%	18 365.7
50～54 岁	38.43%	9.39%	6.43%	7.33%	10.45%	6.73%	10.53%	10.71%	18 836.3
55～59 岁	39.49%	8.35%	7.70%	9.30%	9.94%	3.83%	11.03%	10.36%	19 537.7
60～64 岁	43.15%	7.21%	6.66%	11.50%	7.80%	2.89%	11.30%	9.49%	17 702.2
65+岁	41.18%	6.12%	7.14%	14.22%	6.87%	3.68%	11.53%	9.27%	16 178.9

资料来源：根据 2002 年 CHIP 数据计算

注：表中为经过四舍五入的数据，数据合计可能存在误差

表 4.1 和表 4.2 显示，农村和城市家庭的家庭消费结构差异很大。第一，对于所有年龄组，农村家庭在其总消费支出中用于食品消费的比例明显高于城市居民，差异在 10～20 个百分点。根据恩格尔定律，这些巨大的差异很可能是由巨大的城乡收入差距造成的。第二，尽管农村地区居住的相对价格较低，但几乎所有年龄组的农村家庭在居住消费中分配了较大比例的消费支出。第三，几乎所有年龄段的农村家庭在衣着，家庭设备、设施和服务，交通通信及 CRM 的消费份额小于城市家庭。第四，对于医疗保健消费，农村年轻家庭的支出份额比城市年轻家庭更高。相比之下，农村老年家庭在这一消费类别上的支出份额低于城市老年家庭。第五，对于教育消费，农村中年家庭的教育支出份额比城市家庭更高，造成这种差异的原因之一可能是农村和城市不同的计划生育政策，使得农村家庭有更多学生需要进行教育相关的消费。

不同年龄组的消费结构也有很大差异。如图 4.5 所示，衣着的消费份额在 30～34 岁组达到高峰，之后开始下降。医疗保健消费份额随年龄呈“U”形变化，由于婴儿和老年人的医疗支出较多，年轻和老年家庭的医疗保健消费支出份额高于中年家庭。教育消费份额随年龄呈倒“U”形变化，高峰出现在农村家庭的 40～44 岁组和城市家庭的 45～49 岁组，这些家庭通常有学生在接受高等教育。农村家庭和城市家庭交通通信的消费份额随年龄整体上呈下降趋势。另外，农村和城市家庭在一些消费类别上表现出不同的模式。例如，农村家庭的食品消费份额随年龄组呈现先降后升的模式，对于城市家庭而言，各个年龄段的食品支出份额差异很小。城市家庭的家庭设备、设施和服务消费份额先下降（直到 40～44 岁组），然后上升。但是，对于农村家庭来说，各个年龄段的差异要小得多。

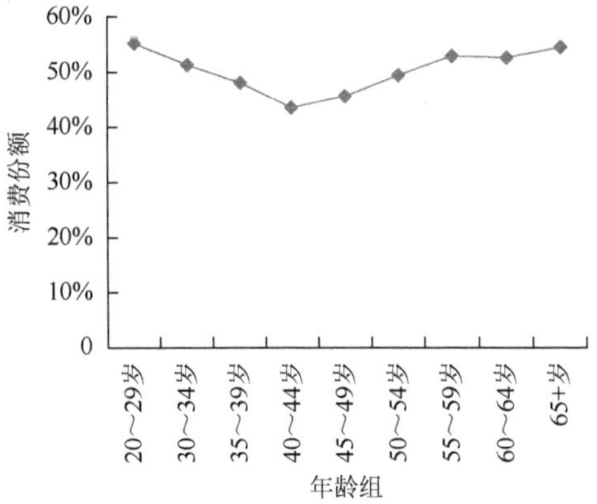

(a) 农村家庭食品

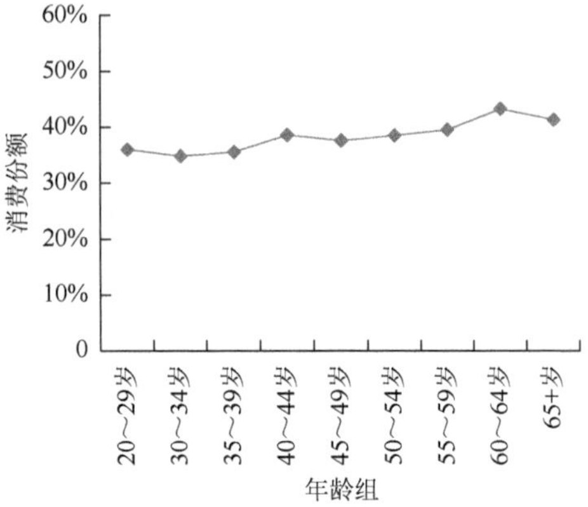

(b) 城市家庭食品

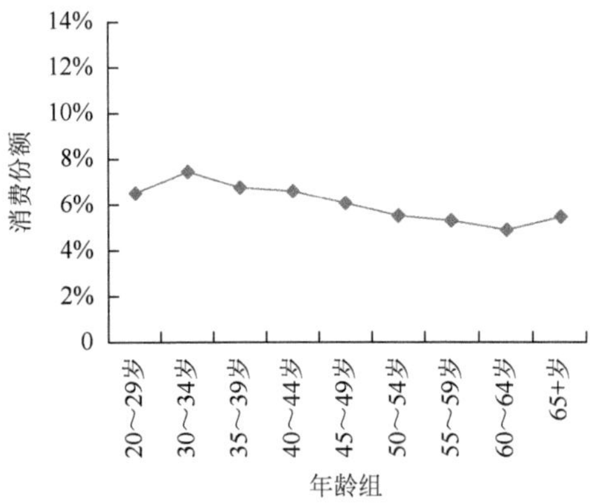

(c) 农村家庭衣着

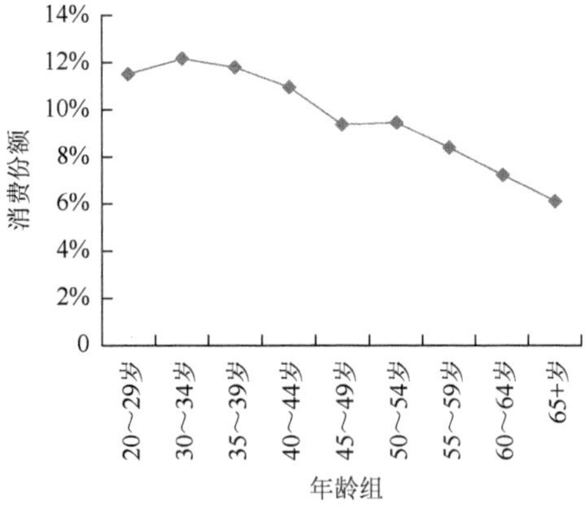

(d) 城市家庭衣着

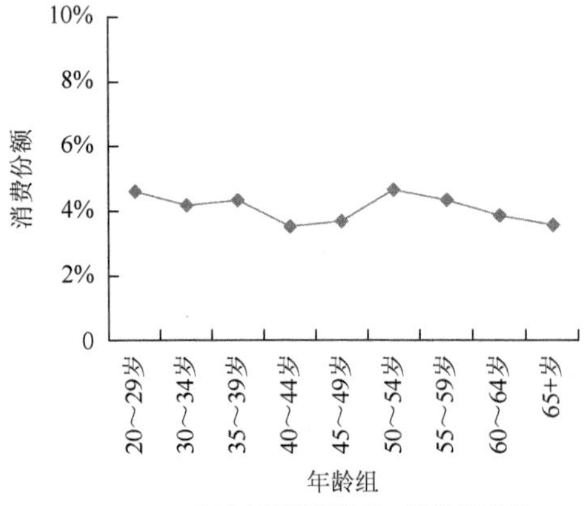

(e) 农村家庭家庭设备、设施和服务

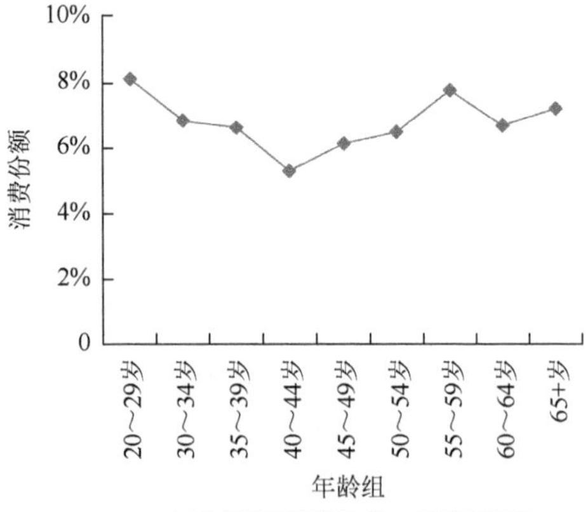

(f) 城市家庭家庭设备、设施和服务

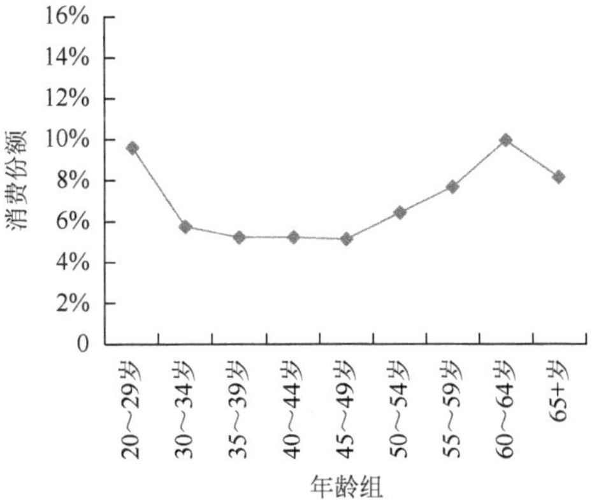

(g) 农村家庭医疗保健

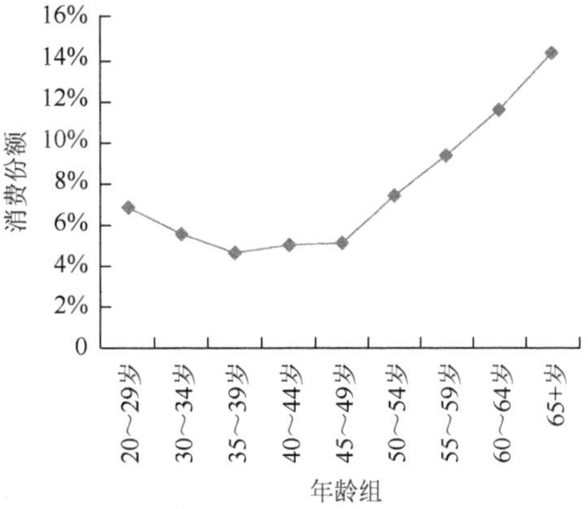

(h) 城市家庭医疗保健

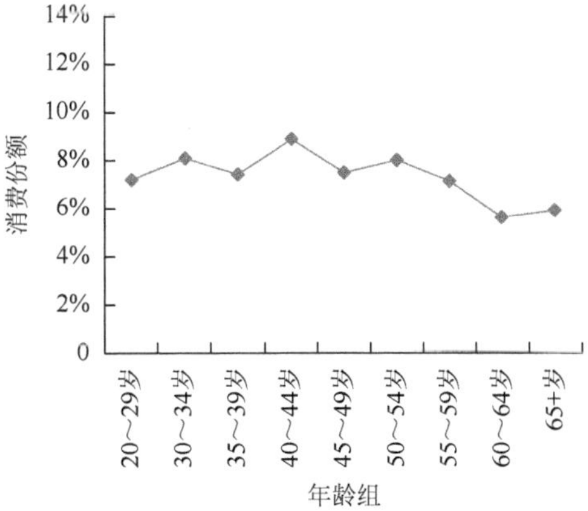

(i) 农村家庭交通通信

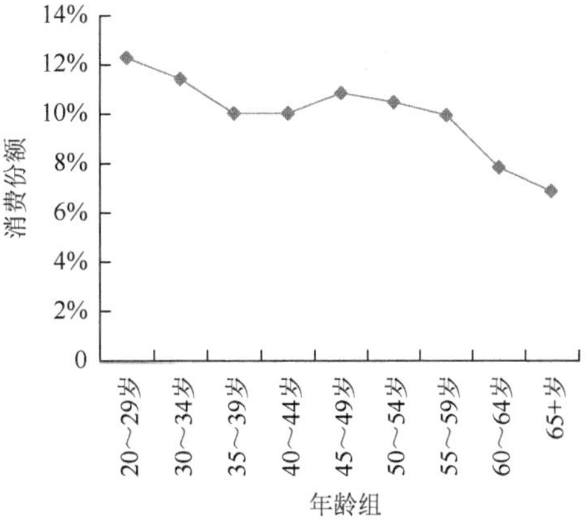

(j) 城市家庭交通通信

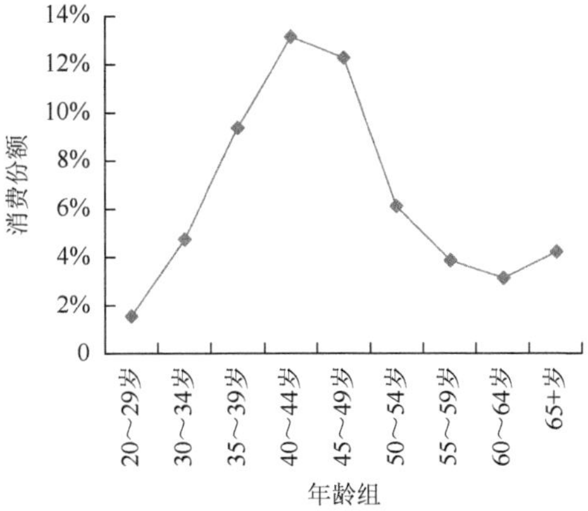

(k) 农村家庭教育

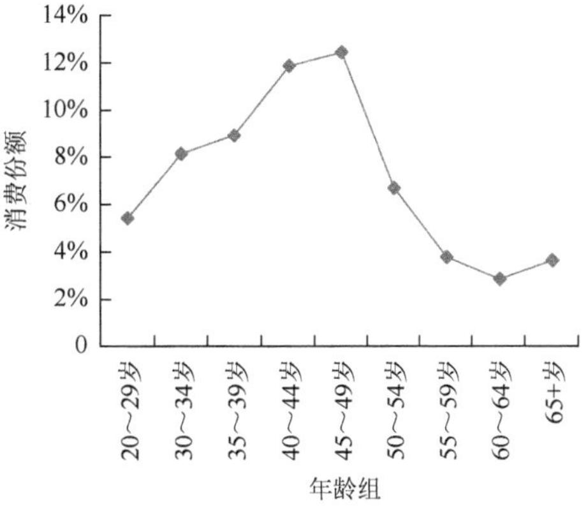

(l) 城市家庭教育

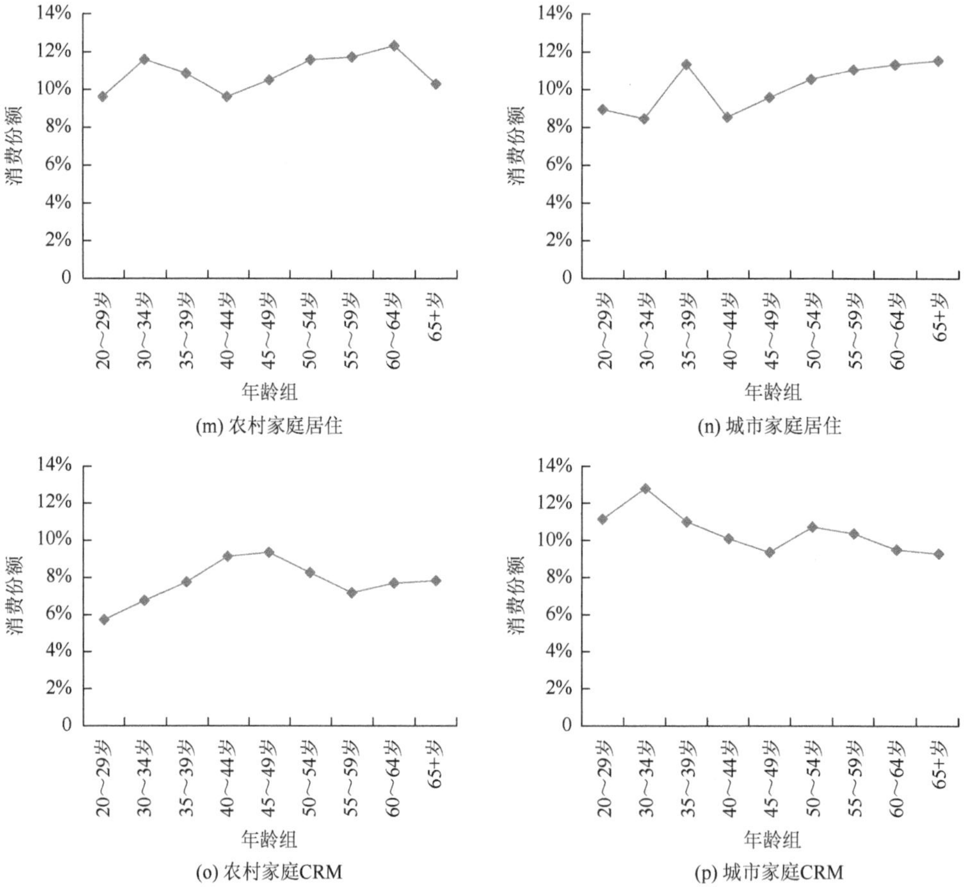

图 4.5　2002 年各年龄组消费份额

4.5　未来不同职业类型劳动力需求预测中的情景设置

1. 不同年龄组家庭消费水平情景

如 4.3 节所述，每个年龄组家庭平均消费水平（即 $\bar{z}_k^r$ 和 $\bar{z}_k^u$）的变化由 GDP 的变化驱动。这些变量的初始值由 2002 年 CHIP 数据计算得到，然后使用国家统计局（2011 年）发布的农村家庭和城市家庭的年度消费增长率将其更新到 2010 年（预测的起始年份）。

第一种情景假定第 $t+1$ 年家庭消费增长率与第 t 年 GDP 的增长率相同。这一情景意味着近几十年来中国经济增长的模式将发生变化。过去，中国的经济增长主要是由投资和出口拉动（Los et al.，2015），消费增长率明显低于 GDP 增长率。因此，居民消费占 GDP 的比重在 2010 年下降到 34%，发达国家这个的比重通常在 60%左右。当前，中国政府正试图通过完善收入分配和改善社会保障体系来扩大居民消费。为了反映当前新的发展状况，我们设定城乡居民消费的增长速度与 GDP 的增长速度保持一致。这一情景假定在式（4.6）和式（4.7）中体现为 a_k^r 、a_k^u 、b_k^r 、b_k^u 和 δ 保持不变。

参数 a_k^r 、a_k^u 、b_k^r 和 b_k^u 随时间变化意味着各群体的消费增长率将不同于滞后的 GDP 增长率 v_t / v_{t-1} 。各群体的消费水平等于：

$$z_{k(t+1)}^r = \overline{z}_{k(t+1)}^r = \frac{b_{k(t+1)}^r a_{kt}^r \delta}{b_{kt}^r a_{k(t+1)}^r \delta} \frac{v_t}{v_{t-1}} \overline{z}_k^r \tag{4.9}$$

$$z_{k(t+1)}^u = \overline{z}_{k(t+1)}^u = \frac{b_{k(t+1)}^u a_{kt}^u \delta}{b_{kt}^u a_{k(t+1)}^u \delta} \frac{v_t}{v_{t-1}} \overline{z}_k^u \tag{4.10}$$

如图 4.6（a）所示，农村家庭的消费倾向总体上相对稳定，而城市家庭的消费倾向不断下降。如图 4.6（b）所示，2010 年以来，农村家庭收入增长率一直高于 GNI 增长率。这与 2003 年至 2008 年的情况大不相同，当时政府和企业收入的增长率很高，使得 GNI 的增长速度高于农村和城市居民收入增长速度。这些新的增长模式表明，居民收入在 GNI 中所占比例有所增加，并且农村居民收入增速要快于城市居民收入增速。

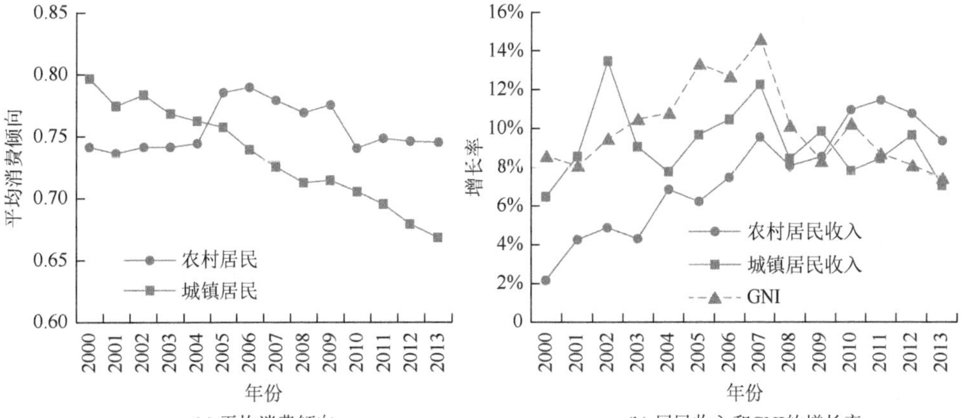

(a) 平均消费倾向　　(b) 居民收入和GNI的增长率

图 4.6　式（4.9）和式（4.10）中参数的变化模式

资料来源：根据国家统计局数据整理

中国政府的“十二五”规划已将减少城乡收入不平等作为政策方向之一。因此，我们预计在接下来的几十年中，农村家庭的收入增速将继续超过城市家庭。此外，城市家庭的消费倾向很有可能会继续下降。因此，a_k^r 和 b_k^r 的变化对农村家庭总消费水平的影响很可能大于 a_k^u 和 b_k^u 的变化对城市家庭总消费水平的影响。

因此，第二种情景（基准情景）假设城镇家庭消费增长率与 GDP 增长率相同，农村家庭消费增长率比 GDP 增长率高 1 个百分点（表 4.3）。在这种情况下，式（4.11）和式（4.12）简化为

$$z_{k(t+1)}^{r}=\overline{z}_{k(t+1)}^{r}=\left(\frac{v_t}{v_{t-1}}+0.01\right)\overline{z}_{kt}^{r}$$

$$z_{k(t+1)}^{u}=\overline{z}_{k(t+1)}^{u}=\left(\frac{v_t}{v_{t-1}}+0.01\right)\overline{z}_{kt}^{u}$$

表 4.3　不同情景下参数的设定

参数	基准情景	低增长情景
进口系数	年下降 2%	年下降 1.5%
农村家庭消费	GDP 增长率+1.0%	与 GDP 相同的增长率
城镇家庭消费	与 GDP 相同的增长率	与 GDP 相同的增长率
投资需求	年增长率 5%	年增长率 4%
政府需求	年增长率 5%	年增长率 4%
出口需求	年增长率 4%	年增长率 3%
劳动生产率	与 2000～2010 年的年均增长率相同的增长率	每年的增长率下降 0.2 个百分点

注：增长率均为实际增长率

2. 不同年龄家庭的消费模式：恩格尔曲线

随着经济的增长，中国家庭的收入将会不断增加，其未来的消费水平将比当前更高。消费增长将伴随着消费结构的变化，这可以通过一系列的恩格尔曲线来反映。许多研究表明，人口因素对恩格尔曲线具有重要影响，如 Deaton 等（1989）、Browning（1992）、Wakabayashi 和 Hewings（2007）。在本节中，我们将进一步研究每个年龄段的农村和城市家庭的恩格尔曲线的差异。这种差异可能会影响未来中国的总消费结构，并进一步通过投入—产出联系对未来不同职业类型的劳动力需求产生影响。为了估计恩格尔曲线，我们使用了 AIDS 模型的简化版本（Deaton and Muellbauer，1980b）①。

令 s_i 代表消费类别 i 在总消费支出中的份额；p_i 代表消费类别 i 的价格；x 代表总消费支出。AIDS 模型可表示为

① 除住户调查数据涵盖的八大类消费类别外，投入产出数据还包括金融服务和保险服务的消费。在本节中，我们仅关注人口变化对家庭调查数据所涵盖的消费类别的影响。投入产出表中未归入八大类消费的类别被视为其他最终需求，并假设其在 2011～2030 年的增长率与 GDP 相同。

$$s_i = \alpha_i + \sum_j \gamma_{ij} \ln p_i + \beta_i \ln \frac{x}{p} \tag{4.11}$$

其中，p 表示所有类别的消费价格指数；α_i、γ_{ij}、β_i 表示模型参数。可由 AIDS 模型导出：

$$\ln p = \alpha_0 + \sum_j \alpha_i \ln p_i + \frac{1}{2}\sum_k \sum_l \gamma_{kl} \ln p_k \ln p_{kl}$$

在实证研究中，斯通价格指数 p^* [$p^* = \prod_k (p_k)^{w_k^0}$，$w_k^0$ 表示基准年的预算比例] 通常用作 p 的近似值。这样处理可以得到一个线性参数模型，有助于简化计量经济模型的估计程序。

消费者需求理论对式（4.13）施加了加总性、同质性和对称性约束。加总性要求所有消费份额加起来等于 1（即 $\sum_i s_i = 1$），满足该条件需 $\sum_i \alpha_i = 1$、$\sum_i \beta_i = 1$ 和 $\sum_i \gamma_{ij} = 1$。同质性要求如果总支出（名义上）x 和所有价格 p_i 以相同的速度增长，则消费份额 s_i 不变。同质性条件要求 $\sum_i \gamma_{ij} = 1$（对于所有 i）。对称性（$\gamma_{ij} = \gamma_{ji}$，对于所有 i 和 j）要求任何两个产品之间的替代效应是相等的。Deaton 和 Muellbauer（1980a）的研究表明，如果不满足对称性这些条件，消费者将做出不一致的选择。

将人口效应纳入需求方程的最简单方法是逐一对每个群体的需求函数进行估计（Lewbel，1997）。我们分别估计了农村和城市家庭每个年龄段的需求系统。我们假设同一群体中所有个体面对的每种消费类别的价格都是相同的。在此假设下，每一消费类别的价格可以看作常数。对于每个年龄组，AIDS 模型简化为以下的 Working-Leser 模型（Working，1943；Leser，1963）：

$$s_{ijk} = \alpha_{ik} + \beta_{ik} \ln x_{jk} + \varepsilon_{ijk} \quad (k = 1,2,\cdots,m,\ \ i = 1,2,\cdots,n) \tag{4.12}$$

其中，α_{ik}、β_{ik} 表示回归系数，满足 $\sum_{i=1}^{n} \alpha_{ik} = 1$ 和 $\sum_{i=1}^{n} \beta_{ik} = 0$；$s_{ijk}$ 表示 k 年龄组中 j 家庭的消费类别 i 占总消费支出的份额，满足 $\sum_{i=1}^{n} s_{ijk} = 1$；$x_{jk}$ 表示 k 年龄组中 j 家庭的总消费支出。Deaton 和 Muellbauer（1980a）认为如果用普通最小二乘法（ordinary least square，OLS）逐式估计该系统，将自动满足加总性条件。

我们在模型中进一步控制了一些其他的家庭特征。我们纳入了与家庭规模相关的四个变量：0～2 岁人数（n_1）；3～5 岁人数（n_2）；6～17 岁人数（n_3）；成年人人数（n_4）。此外，我们引入虚拟变量 θ 来表示一个家庭是否有学生，这对教育的消费份额有很大的影响①。参考 Wakabayashi 和 Hewings（2007）的做法，我们引入这些控制变量作为截距参数。式（4.12）扩展为

$$s_{ijk}=\alpha_{0ik}+\alpha_{1ik}n_{1jk}+\alpha_{2ik}n_{2jk}+\alpha_{3ik}n_{3jk}+\alpha_{4ik}n_{4jk}+\alpha_{5ik}\theta_{jk}+\beta_{ik}\ln x_{jk}+\varepsilon_{ijk} \quad (4.13)$$

农村和城市各年龄组的需求系统模型的 OLS 估计结果见表 4.4 和表 4.5。限于篇幅，我们只报告了 β_{ik} 的估计结果。由于模型中的消费份额是用百分比来衡量的，对 β_{ik} 估计结果的解释如下。以 20～29 岁农村家庭的食品估计系数为例，该年龄组家庭总消费支出每增加 1%，则该年龄组的食品消费份额将减少 14.65×0.01 = 14.65%。表 4.4 和表 4.5 中每行 β_{ik} 的和为 0，符合加总性条件。

表 4.4　按年龄组划分的农村家庭恩格尔曲线系数

年龄组	食品	衣着	家庭设备、设施和服务	医疗保健	交通通信	教育	居住	CRM	样本量
20～29岁	−14.65*** （2.34） （0.29）	−0.50 （0.65） （0.01）	1.04 （0.65） （0.04）	6.41*** （2.10） （0.12）	3.90*** （1.05） （0.07）	−0.42 （0.37） （0.28）	2.69** （1.33） （0.04）	1.53*** （0.46） （0.05）	265
30～34岁	−15.04*** （1.00） （0.30）	0.44 （0.51） （0.02）	0.65** （0.33） （0.01）	1.75*** （0.58） （0.05）	6.63*** （0.70） （0.15）	−1.84*** （0.46） （0.11）	4.98*** （1.18） （0.06）	2.45*** （0.48） （0.05）	955
35～39岁	−13.67*** （0.95） （0.26）	−0.20 （0.39） （0.01）	1.30*** （0.40） （0.03）	1.72*** （0.46） （0.03）	5.23*** （0.48） （0.12）	−0.53 （0.77） （0.06）	3.61*** （0.86） （0.05）	2.54*** （0.43） （0.04）	1465
40～44岁	−14.51*** （0.77） （0.37）	−1.03*** （0.36） （0.02）	0.22 （0.25） （0.00）	1.94*** （0.57） （0.03）	4.25*** （0.67） （0.11）	3.65*** （1.01） （0.12）	2.43*** （0.68） （0.03）	3.06*** （0.57） （0.05）	1326
45～49岁	−15.94*** （0.76） （0.40）	−0.91*** （0.30） （0.01）	0.38* （0.23） （0.02）	1.50*** （0.46） （0.02）	3.47*** （0.35） （0.09）	4.97*** （0.85） （0.23）	2.36*** （0.63） （0.04）	4.17*** （0.39） （0.11）	1696
50～54岁	−15.57*** （0.82） （0.39）	−0.28 （0.33） （0.00）	1.27*** （0.32） （0.03）	2.15*** （0.55） （0.03）	3.50*** （0.48） （0.09）	2.81*** （0.56） （0.23）	2.80*** （0.63） （0.04）	3.33*** （0.36） （0.11）	1510
55～59岁	−15.92*** （0.91） （0.36）	−0.53 （0.39） （0.03）	1.32*** （0.35） （0.04）	3.93*** （0.81） （0.06）	3.41*** （0.57） （0.08）	1.63*** （0.51） （0.16）	3.32*** （0.87） （0.04）	2.84*** （0.45） （0.08）	967
60～64岁	−17.07*** （1.22） （0.40）	−0.12 （0.44） （0.02）	0.65 （0.43） （0.01）	5.45*** （1.42） （0.08）	2.08*** （0.49） （0.04）	1.20** （0.54） （0.20）	4.00*** （1.18） （0.06）	3.58*** （0.72） （0.12）	595
65+岁	−15.84*** （1.30） （0.42）	0.41 （0.48） （0.00）	0.47 （0.36） （0.01）	4.56*** （1.07） （0.10）	3.27*** （0.64） （0.10）	0.89 （0.77） （0.19）	2.74*** （1.01） （0.04）	3.50*** （0.64） （0.14）	421

注：对于每个单元格，括号中的第一个数字是估计值 Newey-West 的标准差，括号中的第二个数字是 R^2

*、**和***分别表示通过 10%、5%和 1%的显著性检验

① n_3 和 θ 之间有一些重叠，但在中国，6～17 岁的孩子不一定上学。首先，只对 6～15 岁的孩子实行义务教育。其次，特别是在农村地区，仍存在个别学生辍学甚至没有机会上学。

表 4.5　按年龄组划分的城市家庭恩格尔曲线的系数

年龄组	食品	衣着	家庭设备、设施和服务	医疗保健	交通通信	教育	居住	CRM	样本量
20～29 岁	−8.81*** （1.55） （0.31）	−3.02*** （1.14） （0.13）	4.75*** （0.94） （0.15）	−0.88 （1.24） （0.03）	3.54*** （1.00） （0.14）	1.26 （1.33） （0.21）	−1.96* （1.16） （0.03）	5.11*** （1.03） （0.18）	145
30～34 岁	−11.00*** （0.97） （0.28）	−1.79*** （0.53） （0.06）	2.87*** （0.51） （0.08）	0.40 （0.49） （0.03）	2.20*** （0.58） （0.06）	0.85* （0.49） （0.08）	−0.72 （0.81） （0.00）	7.19*** （0.67） （0.23）	585
35～39 岁	−13.77*** （0.74） （0.34）	−0.99** （0.48） （0.04）	2.97*** （0.31） （0.08）	0.28 （0.31） （0.04）	2.62*** （0.47） （0.06）	0.71 （0.52） （0.06）	2.40** （0.95） （0.02）	5.78*** （0.44） （0.17）	963
40～44 岁	−10.65*** （0.81） （0.21）	−0.89* （0.48） （0.01）	1.88*** （0.27） （0.04）	1.32*** （0.45） （0.02）	3.23*** （0.50） （0.09）	1.00 （0.68） （0.02）	−1.38** （0.62） （0.02）	5.49*** （0.51） （0.17）	1058
45～49 岁	−11.78*** （0.68） （0.27）	−0.33 （0.37） （0.02）	2.63*** （0.32） （0.07）	0.83*** （0.28） （0.03）	3.02*** （0.46） （0.10）	2.06*** （0.60） （0.13）	−0.82 （0.68） （0.02）	4.39*** （0.47） （0.12）	1362
50～54 岁	−12.61*** （0.84） （0.25）	0.05 （0.46） （0.03）	2.36*** （0.35） （0.05）	1.58*** （0.62） （0.02）	1.64*** （0.42） （0.03）	1.70*** （0.48） （0.20）	0.28 （0.87） （0.01）	4.99*** （0.47） （0.11）	1020
55～59 岁	−13.29*** （0.94） （0.31）	−0.17 （0.40） （0.00）	3.02*** （0.52） （0.07）	1.53** （0.79） （0.02）	2.26*** （0.43） （0.07）	1.80*** （0.43） （0.24）	0.22 （0.78） （0.03）	4.64*** （0.56） （0.12）	610
60～64 岁	−11.13*** （1.06） （0.25）	−0.21 （0.49） （0.00）	2.60*** （0.51） （0.06）	2.33** （0.98） （0.03）	1.30*** （0.48） （0.03）	0.67 （0.41） （0.11）	−0.37 （0.95） （0.03）	4.81*** （0.49） （0.16）	438
65+岁	−13.26*** （1.30） （0.26）	0.14 （0.45） （0.04）	2.38*** （0.52） （0.06）	4.73*** （1.39） （0.05）	1.36*** （0.57） （0.08）	1.94*** （0.61） （0.17）	−1.79 （1.51） （0.05）	4.50*** （0.83） （0.10）	654

注：对于每个单元格，括号中的第一个数字是估计值 Newey-West 的标准差，括号中的第二个数字是 R^2

*、**和***分别表示通过 10%、5%和 1%的显著性检验

如表 4.4 和表 4.5 所示，各年龄组家庭的系数估计值差别很大，这说明不同年龄组家庭的恩格尔曲线有很大不同。例如，与老年家庭相比，年轻家庭的交通通信消费份额对总消费水平变化的敏感性要更高，医疗保健的情况则相反。考虑到接下来中国人口将迎来快速老龄化时期，中国未来的收入增长将对医疗保健产生较大的正向影响，而对交通通信消费的正向影响相对较小。

我们还发现，同一年龄段的农村和城市家庭的系数估计值也存在较大差异。与城市家庭相比，总消费水平的增加对农村家庭在交通通信消费份额的影响更大，家庭设备、设施和服务及 CRM 消费类别的情况则相反。我们还发现农村家庭和城市家庭在居住消费方面存在较大差异。如表 4.4 所示，农村家庭对该类别消费的系数估计值为较大的正值，并且这些估计在统计上都是显著的。然而，对于大多

数年龄段的城市家庭，相应的估计值在 10%的水平上并不显著。对于某些年龄段的城市家庭，如 40～44 岁组系数估计值甚至显著为负。其他关于中国家庭消费支出模式的研究中也有类似的发现，如 Dai 等（2012）。

需要指出的是，从表 4.4 和表 4.5 中报告的 R^2 值可以看出，估计方程的拟合优度很差。通常来说，利用横截面微观数据进行回归分析经常会得到较低的 R^2。例如，Izan 和 Clements（1979）报告了同等水平的拟合优度指标，他们发现食物消费份额方程的 R^2 相对较高。他们的研究也是基于横截面微观数据完成的。Abdel-Ghany 和 Schwenk（1993）通过纳入更多关于家庭性别和地理位置特征的变量，获得的 R^2 在 0.17 至 0.33 范围内。Wakabayashi 和 Hewings（2007）使用时间和横截面混合的数据，得到的 R^2 范围在 0.24 到 0.73。

住户调查数据中的八个消费类别是基于 COICOP（classification of individual consumption by purpose，按目的划分的个人消费分类标准）的，而投入产出表中的产品分类采用的是 CPC（central product classification，核心产品分类标准）。为解决分类标准不一致的问题，需要构建转换矩阵 $\boldsymbol{U}$ 将 COICOP 类别的消费向量（$\boldsymbol{c}_t^*$）转换为 CPC 类别的消费向量（$\boldsymbol{c}_t$）（Mongelli et al.，2010）：

$$\boldsymbol{c}_t = \boldsymbol{U}\boldsymbol{c}_t^* \tag{4.14}$$

矩阵 $\boldsymbol{U}$ 有 41 行和 8 列，分别代表 41 个投入产出部门和 8 个 COICOP 消费类别。其中的元素 u_{ij} 表示部门 i 在 COICOP 类别 j 的总消费中所占的比重。我们假定转移矩阵 $\boldsymbol{U}$ 不随时间变化。根据 2010 年 41 个投入产出部门和 8 个 COICOP 类别的消费数据，以及二者的对应表，我们采用 RAS 程序对转换矩阵进行了估计。具体估计方法详见第 2 章。

3. 人口情景

各年龄组的家庭数量 h_k^r 和 h_k^u 是居民总消费水平及结构的重要决定因素。我们使用广为流行的户主率方法对其进行预测。Mason 和 Racelis（1992）、Wilson 和 Rees（2005）认为户主率方法是预测家庭数量的有效方法，特别是对数据有限的国家。在人口调查中，通常根据户主的年龄来报告各年龄段的家庭数量。例如，t 时刻农村 k 年龄组的户主率 $\overline{r}_{kt}^r$ 定义为 k 年龄组的农村个体中为户主的人数与农村 k 年龄组的总人数 n_{kt}^r 之比。农村和城市地区 t 时刻 k 年龄组家庭数量满足：

$$h_k^r = \overline{r}_{kt}^r n_{kt}^r$$

$$h_k^u = \overline{r}_{kt}^u n_{kt}^u$$

我们使用第 3 章得出的在固定生育率假设下的预测结果作为不同年龄组中个体数量的指标。2000 年和 2010 年的人口普查数据显示，2000～2010 年，由于晚婚及与父母合住等年轻群体的户主率明显下降。与此同时，老年群体的户主率在上升，这可能是因为越来越多的老年人选择与子女分开居住。我们假设这种趋势将在未来继续，即 2011～2030 年每个年龄组的户主率的变化率将与 2000～2010 年相同。

4. 不同职业类型劳动力系数的情景设定

考虑到未来劳动生产率的提高，我们假设式（4.1）中不同职业类型的劳动力系数 Q_t 随时间变化。根据 Baumol（1967）的方法，将每个行业 j 的总产出水平（x_{jt}）和劳动投入水平（λ_{jt}）随时间变化的关系表示为

$$x_{jt}=b_j\lambda_{jt}\mathrm{e}^{r_jt} \text{ 或 } \lambda_{jt}=b_j^{-1}\mathrm{e}^{-r_jt}x_{jt} \tag{4.15}$$

其中，r_j 表示行业 j 的劳动生产率增长率（假定随时间推移是常数）；b_j 表示行业 j 的常数[①]。

如果排除不同职业类型工人之间的替代关系，则我们有以下关系式：

$$e_{ijt}=b_{ij}^{-1}\mathrm{e}^{-r_{ij}t}x_{jt}$$

其中，e_{ijt} 表示第 t 年的 j 行业生产中所投入的第 i 种职业类型的工人人数；r_{ij} 表示 j 行业中第 i 种职业类型工人的劳动生产率增长率（假设随时间推移是恒定的）；b_{ij} 表示 j 行业中第 i 种职业类型工人的常数。每个行业不同职业类型劳动力系数 q_{ijt} 随时间 t 的演变满足：

$$q_{ijt}=\frac{e_{ijt}}{x_{jt}}=b_{ij}^{-1}\mathrm{e}^{-r_{ij}t} \tag{4.16}$$

应该注意的是，在一个行业内，不同的职业可能具有不同的生产力增长率（r 同时具有行业下标 j 和职业下标 i）。式（4.16）中的参数根据 2000 年和 2010 年的不同职业类型劳动力系数估算得到，不同职业类型劳动力系数基于 2000 年和 2010 年的中国人口普查数据及 2000 年和 2010 年中国投入产出表计算得到。

国家统计局以人口普查数据为基础，建立了按行业分类的就业账户。该账户涵盖了 55 种职业和 95 个行业，每个行业的就业人员都划分到这 55 种职业。55 种职业可进一步归纳为七大类：管理人员；专业技术人员；办事人员和有关人员；商业、服务业人员；农、林、牧、渔、水利业生产人员；生产、运输设备操作人员及有关人员；不便分类的其他从业人员[②]。

2000 年和 2010 年的中国投入产出表分别提供了 40 个行业和 65 个行业的总产出数据。鉴于各数据源的行业分类不同，我们最终将人口普查数据及 2000 年和

① 通常，劳动生产率定义为增加值与劳动投入之间的比率。如果这两个变量之间的比率恒定，则增加值和总产值的增长率相同。

② 详细的职业分类见本章附录。

2010 年中国投入产出表中的行业重新分类为 41 个行业①。在对 2000 年至 2010 年不同职业类型劳动力系数的动态演变进行建模时，应使用不变价格计算的总产出，否则会高估劳动生产率的增长。因此，我们利用价格指数将 2000 年投入产出表中的总产出放大到 2010 年价格水平②。

首先根据 2000～2010 年不同职业类型劳动力系数的变化，使用式（4.16）将劳动力系数外推至 2030 年。然而单纯的外推方法可能存在问题。一方面，式（4.16）是基于 2000 年和 2010 年的有限数据估计的，即 $r_{ij}=0.1(\ln q_{ij,2000}-\ln q_{ij,2010})$。另一方面，从长期来看生产率的增长率在本质上是不确定的，因为重大创新往往以不规则的频率出现。

我们发现，如果使用简单的外推方法，将出现农业部门劳动力系数的演变与中国未来城镇化进程不一致的情况。外推结果显示，2011～2030 年，农业部门的劳动力仍将大量增加，这与中国未来城镇化进程中农村人口减少是不一致的。因此，我们以农业劳动力下降率与农村人口下降率保持一致为原则，进一步对农业部门的不同职业类型劳动力系数进行校准，由此产生了我们的基准情景。校准过程如下：分别令 q_{iat} 和 q_{iat}^* 表示校准前和校准后第 t 年农业部门第 i 种职业的劳动力系数；e_{a2010} 表示 2010 年农业劳动力总数；r_τ^* 表示第 τ 年农村人口的下降率，由第 3 章中的城乡人口预测模型得出；x_{at} 表示第 t 年农业总产值，从投入产出表得到。校准后的劳动力系数满足：

$$q_{iat}^*=\frac{e_{a2010}\prod_{\tau=2011}^{t}(1-r_\tau^*)}{\sum_{i=1}^{55}q_{iat}x_{at}}q_{iat}$$

在第二种情景（低增长情景）中，我们考虑到未来劳动生产率增长放缓的情况。当发展中国家的生产技术更靠近世界前沿时，它们从发达国家的技术溢出中获益的机会将减少，从而出现生产率增长放缓的趋势。在这种情形下，我们假设中国的“后发优势”（Gerschenkron，1962），将逐步消失，并且到 2030 年，劳动生产率年增长率每年下降 0.2 个百分点（表 4.3）③。

5. 投入系数情景设置

Miller 和 Blair（2009）认为国内投入系数（即列昂惕夫逆矩阵的元素）通常

① 2002 年中国投入产出表分别报告了邮政业、信息传输、计算机服务和软件业的总产出。我们使用 2002 年投入产出表中的比例在 2000 年投入产出表中对邮政和信息传输、计算机服务和软件业进行了拆分。41 个行业分类见本章附录表 A4.2。

② 后面的预测是基于 2010 年中国投入产出表进行的。因此，本节中所有变量（不论时间段）均以 2010 年价格表示。

③ 如果第 t 年的劳动生产率增长率为 rt，那么第 $t+1$ 年的增长率为 $0.998rt$。

会随时间而变化。推动这些变化的因素包括技术进步、部门产出的产品构成变化及国内产品和进口产品之间的替代（Sawyer，1992）。因此，在长期预测中应考虑投入系数的变化。这需要对影响投入系数的因素在未来的变化有很好的预测，然而在长期高度不确定的情况下，这甚至更加困难。在我们的情景分析中，只关注国际贸易一个因素。我们只模拟由中间产品进口变化引起的国内投入系数的变化。

考虑到中国在全球金融危机之后贸易格局的变化，一些部门的进口系数（生产单位产品所投入的进口品数量）可能会有所下降，即国内投入系数会增加。进口系数下降的一个重要原因是加工贸易在所有生产活动中所占的比例在下降。中国加工出口总值在所有行业总产值中的比重已从 2002 年的 5%下降到 2010 年的 4%左右。加工出口生产活动对进口品的使用强度要高于其他用途产品的生产，如用于一般出口的产品、用于国内消费和投资的产品，见 Chen 等（2012）。因此，加工出口比重的下降将导致国内投入系数的增加。中国致力于提升全球价值链地位的发展战略是导致国内品投入系数上升的另外一个重要原因。如果中国成功实现在全球价值链的攀升，目前进口的部分部件将不会从国外购买，而是从中国本土采购。

我们分析了进口系数变化的两种情况（表 4.3）。在第一种情景下，假设中国将设法在全球价值链中进行升级，加工出口的比重将进一步下降。2011 年至 2030 年，所有行业的进口系数都将以每年 2%的速度下降。在第二种情景下，我们对国内中间投入品替代进口中间投入品做出了更为保守的假设，假设进口系数每年下降 1.5%。

6. 对其他最终需求的情景设定

除居民消费外，其他最终需求是我们模型的重要外生变量。其他最终需求包括投资需求（资本形成）、政府需求和出口需求，我们对其设置了两种增长情景（表 4.3）。

在过去的 10 年中，投资和出口需求在很大程度上拉动了中国经济的增长。在接下来的 20 年里，产业和基础设施的升级需要大量实物资本，投资预计仍将成为中国经济增长的重要拉动力。基准情景下假定投资需求保持 5%的年增长率，低增长情景下假定投资需求保持 4%的年增长率。

随着劳动力工资水平的提高，过去推动中国出口快速增长的成本优势在未来将会减弱。因此，中国未来的出口增长很可能会放缓。基准情景下假定出口需求保持 4%的年增长率，低增长情景下假定出口需求保持 3%的年增长率。

政府对公共服务（如教育、医疗和行政事务）的消费需求预计在未来也将增加，部分原因是人口增长。与投资需求和出口需求相比，政府需求在最终总需求中所占的比例相对较小。为简单起见，在两种情景下，假设政府需求增长率与投资需求增长率相同。

其他最终需求的增长率的设定尚不能反映其结构的变化。我们假设其他最终需求种类的结构随时间保持稳定。对于最终需求国内品和进口品的构成，我们假设每种最终需求中进口品份额的变化率与上面所述的中间品进口系数的变化率相同。因此，在基准情景中，各最终需求中的进口份额将以每年 2%的速度下降，在低增长情景中将以每年 1.5%的速度下降。

以下给出本节的情景假设对主要宏观经济指标的影响。在基准情景中，预计 2011～2030 年的年均 GDP 增长率为 6.8%。这与李善同等（2011）对 2010～2030 年 GDP 年平均增长率的预测结果相同。居民消费占最终需求的比例将从 2010 年的 29%上升到 2030 年的 50%。经常账户盈余将从 2010 年的 15 100 亿元减少到 2030 年的 5880 亿元，占 GDP 的 0.38%。在低增长情景下，2011～2030 年的年均 GDP 增长率为 5.7%，比基准情景下的预期增长率低 1.1 个百分点。居民消费在最终需求中的比重将从 2010 年的 29%增加到 2030 年的 49%，略低于基准情景下的预期比重。到 2030 年，经常账户盈余将变成赤字 13 760 亿元（占 GDP 的 1.1%）。

4.6　情景分析：发现和启示

表 4.6 报告了 2030 年八大类消费水平。2010～2030 年，在两种情景下，食品需求的增长速度都将大大低于总消费需求的增长速度（每年增长 8.2%～9.5%）。医疗保健，CRM，家庭设备、设施和服务，教育，交通通信的消费将以高于平均消费水平的速度增长。

表 4.6　预测：2030 年居民消费（按 2010 年不变价格计算）

类别	2010 年		2030 年							
			基准情景				低增长情景			
	消费量/亿元	比例	人口变化/亿元	平均增长率	无人口变化/亿元	平均增长率	人口变化/亿元	平均增长率	无人口变化/亿元	平均增长率
食品	4 791	37.8%	15 493	6.0%	9 548	3.5%	14 235	5.6%	8 745	3.1%
衣着	1 229	9.7%	6 653	8.8%	4 118	6.2%	5 347	7.6%	3 274	5.0%
家庭设备、设施和服务	824	6.5%	7 537	11.7%	4 569	8.9%	5 685	10.1%	3 374	7.3%
医疗保健	862	6.8%	9 805	12.9%	5 227	9.4%	7 326	11.3%	3 743	7.6%
交通通信	1 762	13.9%	12 224	10.2%	8 466	8.2%	9 328	8.7%	6 228	6.5%
教育	583	4.6%	4 814	11.1%	3 364	9.2%	3 589	9.5%	2 418	7.4%
居住	1 356	10.7%	8 246	9.4%	5 847	7.6%	6 415	8.1%	4 296	5.9%
CRM	1 280	10.1%	12 863	12.2%	8 012	9.6%	9 549	10.6%	5 787	7.8%
总计	12 687		77 635	9.5%	49 151	7.0%	61 474	8.2%	37 865	5.6%

注：①比例一列表示 2010 年每种消费类别在总消费中的比例；②平均增长率一列表示 2010 年至 2030 年之间的平均年增长率

如表 4.6 所示，人口结构的变化将增加今后 20 年的家庭总消费需求。2030 年考虑人口变化的家庭消费预测结果比不考虑人口变化的预测结果高出约 60%，这主要是由中国快速的城市化进程造成的。由于城镇家庭的消费水平显著高于农村家庭，因此农村人口到城市人口的转变可以促进消费增长。在消费结构方面，未来的人口结构变化将对医疗保健的消费份额产生积极影响，对交通通信和居住的消费份额产生消极影响。如前所述，老年家庭在医疗保健方面的支出份额高于年轻家庭。并且，与年轻家庭相比，该份额对老年家庭的收入增长更为敏感。此外，医疗保健份额对城市家庭收入增长的敏感性要大于农村家庭。人口老龄化、城镇化和收入增长将带来医疗保健消费份额的增加。对于交通通信消费来说，情况正好相反。老年家庭在交通通信上的花费比年轻家庭要少。而且，与年轻家庭相比，老年家庭收入增长对交通通信消费份额的影响较小。此外，交通通信消费份额对城市家庭收入增长的敏感性要小于农村家庭。因此，人口老龄化、城镇化和收入增长将带来交通通信消费份额的下降。

表 4.7 的第 4 列和第 9 列报告了 2030 年对七个主要职业类别劳动力需求的预测。本章附录中给出了对 55 个职业类型劳动力的预测结果。在基准情景中，2030 年的劳动力总需求将到 8.906 亿人。根据第 3 章的预测，2030 年的劳动年龄人口将为 9.382 亿人，因此他们中近 95%的人口将就业。结果，接受的教育类型与所需职业类型不匹配，肯定会导致人才短缺。在低增长情景下，2030 年的劳动力总需求将为 7.689 亿人。在该情景下，约 82%的劳动力将实现就业，明显低于基准情景，但仍远高于 2010 年的比例（72.1%）。

表 4.7　预测：2030 年分职业的劳动力需求　　单位：亿人

职业①	2010 年		2030 年									
			基准情景					低增长情景				
	需求②	占比③	需求④	增长（2030 年减 2010 年）⑤	年平均增长率⑥	人口变化引起的增长⑦	人口变化引起的增长占比⑧	需求⑨	增长（2030 年减 2010 年）⑩	年平均增长率⑪	人口变化引起的增长⑫	人口变化引起的增长占比⑬
a	0.129	1.8%	0.203	0.074	2.3%	0.038	51.2%	0.167	0.038	1.3%	0.032	83.8%
b	0.503	7.0%	0.836	0.333	2.6%	0.147	44.0%	0.693	0.190	1.6%	0.124	65.1%
c	0.323	4.5%	0.651	0.328	3.6%	0.087	26.5%	0.529	0.206	2.5%	0.071	34.7%
d	1.167	16.2%	2.985	1.818	4.8%	0.614	33.7%	2.423	1.255	3.7%	0.513	40.9%
e	3.457	48.0%	2.090	−1.367	−2.5%	0.564	−41.3%	2.082	−1.375	−2.5%	0.578	−42.1%
f	1.612	22.4%	2.123	0.511	1.4%	0.311	60.9%	1.781	0.169	0.5%	0.263	155.9%
g	0.007	0.1%	0.018	0.011	4.8%	0.004	33.6%	0.014	0.007	3.7%	0.003	40.6%
总计	7.198	100.0%	8.906	1.708	1.1%	1.765	103.3%	7.689	0.490	0.3%	1.584	323.3%

注：a 为管理人员；b 为专业技术人员；c 为办事人员；d 为商业、服务业人员；e 为农业生产人员；f 为生产、运输设备操作人员；g 为其他人员

未来的劳动力需求因职业而异。第一，中国经济对农业生产人员的需求将大幅下降。在 2010 年，这一类别的就业人数几乎占到总就业人数的一半（48.0%），但到 2030 年从绝对量的角度讲其重要性将减弱：在这两种情景下，农业生产人员的数量将减少约 1.37 亿人，相当于每年减少 2.5%。造成这一趋势的主要原因是农业劳动生产率的提高及食品类消费在总需求中比重的下降。对于其他职业类型的劳动力，需求将会增长，但速度不同。

第二，中国经济对商业、服务业人员的需求增长最为强劲，基准情景下的年均增长率为 4.8%。这一大类职业主要涉及社会服务和居民生活服务人员（职业 26，年均增长率为 5.6%）与其他商业、服务业人员（职业 27，年均增长率为 6.3%）。Baumol（1967）认为这类劳动力需求的大幅增长是“鲍莫尔病”的反映。服务业的固有特性使它生产率的提高比制造业更为困难，因此，服务业劳动力的份额不断增加。相比之下，对办事人员（2.5%～3.6%）、专业技术人员（1.6%～2.6%），特别是生产、运输设备操作人员（0.5%～1.4%）的总体需求增长相对较小。从更详细的职业分类来看，对文学艺术工作人员（职业 11）、其他专业技术人员（职业 15）、邮政和电信业务人员（职业 18）及环境监测与废物处理人员（职业 52）的需求将迅速增长。从增加的劳动力数量来看，购销人员（职业 20，基准情景下增加 1.15 亿人）、社会服务和居民生活服务人员（职业 26，增加 3200 万人）和工程施工人员（职业 50，增加 2500 万人）是需求增加最突出的职业类别[①]。

表 4.7 的第 7 列和第 12 列显示了由人口变化而引起的劳动力需求变化。在基准情景下，2030 年总劳动力需求将达到 8.906 亿人，这意味着 2010 年至 2030 年劳动力需求将增长 1.708 亿人。如果没有人口变化（忽略人口老龄化和城镇化的影响），劳动力需求将下降 0.057 亿人（主要是劳动生产率增长的结果）。由此可见，人口变化所带来的就业增长为 1.765（=1.708+0.057）亿人。如果人口结构不发生变化，对农业生产人员的需求下降将更加明显（下降 1.931 亿人）。对管理人员和专业技术人员的需求增长中，分别有 51%和 61%是由未来的人口结构变化引起的。从更详细的职业分类来看，纺织、针织、印染人员（职业 38）和其他生产、运输设备操作人员及有关人员（职业 54）的劳动力需求增长量中超过 60%是由人口变化引起的，而工程施工人员（职业 50）的需求增长量中只有 6%是由人口变化引起的。因此，人口结构变化将在中国不同职业类型劳动力需求增长中发挥重要作用，但这种重要性因职业类型而异。

本节的分析表明，2010～2030 年中国的劳动力需求增长将因职业类型而异。富有针对性的教育和培训政策对于中国成功地将劳动力从以农业生产人员为主的劳动力转变为以商业、服务业人员为主的劳动力至关重要。提前制定符合人才需

① 职业分类及序号见本章附录。

求的教育政策对于中国未来的经济社会发展尤为迫切。由于教育培训通常需要数年时间，并且对年龄较大的员工的“再教育再培训”可行性较小，所以教育政策的改变不会立即产生效果。此外，培训年轻人需要额外的教职人员，但是教育和培训这些教职人员同样需要时间。因此，符合未来人才需求的教育培训计划对于应对快速变化的中国劳动力需求结构至关重要，这是经济高速增长和人口快速变化所带来的非同寻常的结果。

4.7　结　　论

住户调查数据分析显示，中国家庭的消费模式在不同年龄段及城乡之间存在差异。首先，较大的城乡收入差距使得城镇家庭的平均消费总量远远大于农村家庭。其次，年轻家庭将消费预算中相对较大的份额用于交通通信，而老龄家庭往往在医疗保健方面花费更多。最后，农村家庭在居住、交通通信等方面的消费份额普遍高于城市家庭，而城市家庭在家庭设备、设施和服务与 CRM 等方面的支出占预算的比重较大。

2010～2030 年，中国将在老龄化和城镇化方面经历巨大的人口变化。因此，不同类型家庭的消费模式差异将导致整个中国的消费结构发生巨大变化。我们的预测表明，食品消费的份额将大大减少；医疗保健，CRM，家庭设备、设施和服务，交通通信，教育等消费类别的份额将大大增加。尽管某些消费类别的份额将减少，但由城镇化导致的家庭总消费水平的大幅增加，所有类别的消费都将增长。

本章旨在量化未来中国消费需求变化对劳动力需求的影响。研究结果可为不同职业类型劳动力的培养计划设计提供参考，以确保未来对相关人才的需求得到满足。为此，我们开发了一个针对不同职业类型劳动力的需求预测模型。在这个模型中，家庭消费的变化通过投入产出联系导致产业部门总产出的变化。由于不同行业劳动生产率水平不同，且劳动力需求的职业构成也不同，产业部门总产出的变化将进一步引起对不同职业类型劳动力需求的变化。情景分析（考虑了劳动生产率增长趋势、贸易模式和投资需求）表明，购销人员、社会服务和居民生活服务人员及工程施工人员将是需求增长最显著的职业类型。

由于教育和培训通常需要较长时间，建议中国政府提前制订教育计划，以适应未来不同职业类型劳动力需求的变化，这些计划还应考虑到其他人口结构变化可能会对中国未来的劳动力需求产生额外影响。例如，独生子女政策的取消将影响家庭结构。这将增加中国家庭的教育需求，并进一步增加对教育相关人员，如教师的需求。

最后，指出本章的一些局限性。首先，我们假设人口变化仅影响居民消费，而忽略了其对其他最终需求类别的影响。实际上，其他最终需求的某些部分可能会受到影响。例如，城镇化将增加投资需求，需要在城市中建造更多的房屋和公共设施，以满足农村到城市的迁移需求，这将直接增加对工程施工人员的需求。其次，在我们的模型中，人口变化完全是外生的，其隐含的假设是劳动力需求的变化，对人口迁移没有影响。实际上，如前所述，由于食品消费需求的增加，人口结构的变化将增加对农业生产人员的需求。在这种情况下，农业生产人员的工资将增加，并使农村人口向城镇地区迁移的吸引力降低。因此，从农村到城市的迁移将会放缓，人口变化的影响可能会有所减轻。但是，我们认为这些二阶效应不会对本章的主要结论产生严重影响。

参 考 文 献

国家统计局. 2002. 中国 2000 年人口普查资料. 北京：中国统计出版社.

国家统计局. 2003. 2003 年中国统计年鉴. 北京：中国统计出版社.

国家统计局. 2009. 中国 2007 年投入产出表编制方法. 北京：中国统计出版社.

国家统计局. 2011. 2011 年中国统计年鉴. 北京：中国统计出版社.

国家统计局. 2012. 中国 2012 年人口普查资料. 北京：中国统计出版社.

国家统计局. 2014. 2014 年中国统计年鉴. 北京：中国统计出版社.

李善同，刘云中. 2011. 2030 年的中国经济. 北京：经济科学出版社.

Abdel-Ghany M，Schwenk F N. 1993. Functional forms of household expenditure patterns in the United States. Journal of Consumer Studies and Home Economics，17：325-342.

Appleton S，Song L N，Xia Q J. 2010. Growing out of poverty：trends and patterns of urban poverty in China 1988-2002. World Development，38：665-678.

Attanasio O P. 1999. Chapter Ⅱ gonsumption//Taylor J B，Woodford M. Handbook of Macroeconomics (Volume 1B). Amsterdam：Elsevier：741-812.

Baldacci E，Ding D，Coady D，et al. 2010. Public expenditures on social programs and household consumption in China. IMF Working Papers，10（69）：1.

Batey P W J，Madden M. 1981. Demographic-economic forecasting within an activity-commodity framework：some theoretical considerations and empirical results. Environment and Planning A：Economy and Spale，13：1067-1083.

Baumol W J. 1967. Macroeconomics of unbalanced growth：the anatomy of urban crisis. The American Economic Review，57：415-426.

Browning M. 1992. Children and household economic behavior. Journal of Economic Literature，30：1434-1475.

Browning M，Crossley T F. 2001. The life-cycle model of consumption and saving. Journal of Economic Perspectives，15：3-22.

Browning M，Deaton A，Irish M. 1985. A profitable approach to labor supply and commodity demands over the life cycle. Econometrica，53：503-544.

Chen X，Cheng L K，Fung K C，et al. 2012. Domestic value added and employment generated by Chinese exports：a quantitative estimation. China Economic Review，23：850-864.

Dai H C，Masui T，Matsuoka Y，et al. 2012. The impacts of China's household consumption expenditure patterns on energy demand and carbon emissions towards 2050. Energy Policy，50：736-750.

Deaton A C，Ruiz-Castillo J，Thomas D. 1989. The influence of household composition on household expenditure patterns：theory and Spanish evidence. Journal of Political Economy，97：179-200.

Deaton A，Muellbauer J. 1980a. Economics and Consumer Behavior. Cambridge：Cambridge University Press.

Deaton A，Muellbauer J. 1980b. An almost ideal demand system. American Economic Review，70：312-326.

Démurger S，Gurgand M，Li S，et al. 2009. Migrants as second-class workers in urban China? A decomposition analysis. Journal of Comparative Economics，37：610-628.

Gerschenkron A. 1962. Economic Backwardness in Historical Perspective. Cambridge：Harvard University Press.

Gunluk-Senesen G，Senesen U. 2011. Decomposition of labour demand by employer sectors and gender：findings for major exporting sectors in Turkey. Economic Systems Research，23：233-253.

Heckman J. 1974. Life cycle consumption and labor supply：an explanation of the relationship between income and consumption over the life cycle. The American Economic Review，64：188-194.

Izan H Y，Clements K W. 1979. A cross-cross-section analysis of consumption patterns. Economics Letters，4：83-86.

Kim K，Kratena K，Hewings G J D. 2015. The extended econometric input-output model with heterogeneous household demand system. Economic Systems Research，27（2）：257-285.

Leontief W，Duchin F. 1986. The Future Impact of Automation on Workers. Oxford：Oxford University Press.

Leser C E V. 1963. Forms of engel functions. Econometrica，31：694-703.

Lewbel A. 1997. Consumer demand systems and household equivalence scales//Pesaran M H，Schmidt P. Handbook of Applied Econometrics，Volume Ⅱ：Microeconomics. Oxford：Blackwell Publishers：167-201.

Liu Q. 2012. Unemployment and labor force participation in urban China. China Economic Review，23：18-33.

Los B，Timmer M P，de Vries G J. 2015. How important are exports for job growth in China? A demand side analysis. Journal of Comparative Economics，43：19-32.

Madden M，Batey P W J. 1983. Linked population and economic models：some methodological issues in forecasting，analysis，and policy optimization. Journal of Regional Science，23：141-164.

Mason A，Racelis R. 1992. A comparison of four methods for projecting households. International Journal of Forecasting，8：509-527.

Miles D. 1999. Modelling the impact of demographic change upon the economy. The Economic Journal，109：1-36.

Miller R E，Blair P D. 2009. Input-Output Analysis：Foundations and Extensions. Cambridge：

Cambridge University Press.

Mongelli I，Neuwahl F，Rueda-Cantuche J M. 2010. Integrating a household demand system in the input-output framework. Methodological aspects and modeling implications. Economic Systems Research，22：201-222.

Sawyer J A. 1992. Forecasting with input-output matrices：are the coefficients stationary? Economic Systems Research，4：325-348.

United Nations，European Commission and International Monetary Fund. 2008. System of National Accounts 2008. New York：United Nations.

Wakabayashi M，Hewings G J D. 2007. Life-cycle changes in consumption behavior：age-specific and regional variations. Journal of Regional Science，47：315-337.

Wei S，Zhang X B. 2011. The competitive saving motive：evidence from rising sex ratios and savings rates in China. Journal of Political Economy，119：511-564.

Wilson T，Rees P. 2005. Recent developments in population projection methodology：a review. Population，Space and Place，11：337-360.

Wolff E N. 2006. The growth of information workers in the US economy，1950-2000：the role of technological change，computerization，and structural change. Economic Systems Research，18：221-255.

Working H. 1943. Statistical laws of family expenditure. Journal of the American Statistical Association，38：43-56.

Yoon S G，Hewings G. 2006. Impacts of demographic changes in the Chicago region. REAL Discussion Paper.

本 章 附 录

1. 职业分类

职业分类见表 A4.1。

表 A4.1 职业分类

编号	职业	编号	职业
1	管理人员	10	教学人员
2	科学研究人员	11	文学艺术工作人员
3	工程技术人员	12	体育工作人员
4	农业技术人员	13	新闻出版、文化工作人员
5	飞机和船舶技术人员	14	宗教职业者
6	卫生专业技术人员	15	其他专业技术人员
7	经济业务人员	16	行政办公人员
8	金融业务人员	17	安全保卫和消防人员
9	法律专业人员	18	邮政和电信业务人员

续表

编号	职业	编号	职业
19	其他办事人员和有关人员	38	纺织、针织、印染人员
20	购销人员	39	裁剪、缝纫和皮革制品加工制作人员
21	仓储人员	40	粮油、食品、饮料生产加工及饲料生产加工人员
22	餐饮服务人员	41	烟草及其制品加工人员
23	饭店、旅游及健身娱乐场所服务人员	42	药品生产人员
24	运输服务人员	43	木材加工、人造板生产、木制品制作及制浆、造纸和纸制品生产加工人员
25	医疗卫生辅助服务人员	44	建筑材料生产加工人员
26	社会服务和居民生活服务人员	45	玻璃、陶瓷、搪瓷及其制品生产加工人员
27	其他商业、服务业人员	46	广播影视制品制作、播放及文物保护作业人员
28	农、林、牧、渔、水利业生产人员	47	印刷人员
29	勘测及矿物开采人员	48	工艺、美术品制作人员
30	金属冶炼、轧制人员	49	文化教育、体育用品制作人员
31	化工产品生产人员	50	工程施工人员
32	机械制造加工人员	51	运输设备操作人员及有关人员
33	机电产品装配人员	52	环境监测与废物处理人员
34	机械设备修理人员	53	检验、计量人员
35	电力设备安装、运行、检修及供电人员	54	其他生产、运输设备操作人员及有关人员
36	电子元器件与设备制造、装配、调试及维修人员	55	不便分类的其他从业人员
37	橡胶和塑料制品生产人员		

注：55 种职业可进一步分为七大类。①管理人员（1）；②专业技术人员（2～15）；③办事人员和有关人员（16～19）；④商业、服务业人员（20～27）；⑤农、林、牧、渔、水利业生产人员（28）；⑥生产、运输设备操作人员及有关人员（29～54）；⑦不便分类的其他从业人员（55）

2. 2010 年中国投入产出表行业分类

2010 年中国投入产出表行业分类见表 A4.2。

表 A4.2　2010 年中国投入产出表行业分类

编号	部门
1	农林牧渔业
2	煤炭开采和洗选业
3	石油和天然气开采业
4	金属矿采选业
5	非金属矿及其他矿采选业

续表

编号	部门
6	食品制造和烟草加工业
7	纺织业
8	纺织服装鞋帽皮革羽绒及其制品业
9	木材加工及家具制造业
10	造纸印刷及文教体育用品制造业
11	石油加工、炼焦及核燃料加工业
12	化学工业
13	非金属矿物制品业
14	金属冶炼及压延加工业
15	金属制品业
16	通用、专用设备制造业
17	交通运输设备制造业
18	电气机械及器材制造业
19	通信设备、计算机及其他电子设备制造业
20	仪器仪表及文化办公用机械制造业
21	工艺品及其他制造业
22	电力、热力的生产和供应业
23	燃气生产和供应业
24	水的生产和工艺业
25	建筑业
26	交通运输及仓储业
27	邮政业
28	信息传输、计算机服务和软件业
29	批发和零售业
30	住宿和餐饮业
31	金融保险业
32	房地产业
33	租赁与商务服务业
34	研究与试验发展业
35	综合技术服务业
36	水利、环境和公共设施管理业
37	居民服务和其他服务业
38	教育
39	卫生、社会保障和社会福利业
40	文化、体育和娱乐业
41	公共管理和社会组织

3. 2030 年细分职业类型的劳动力需求

2030 年细分职业类型的劳动力需求见表 A4.3。

表 A4.3　2030 年细分职业类型的劳动力需求　　单位：亿人

职业	2010 年	2030 年基准情形					2030 年低增长情形				
	需求	需求	增长（2010～2030 年）	年均增长率	人口变化引起的增长	人口变化导致的增长份额	需求	增长（2010～2030 年）	年均增长率	人口变化引起的增长	人口变化导致的增长份额
1	0.129	0.203	0.073	2.3%	0.038	51.2%	0.167	0.038	1.3%	0.032	83.8%
2	0.005	0.012	0.008	4.8%	0.002	23.5%	0.011	0.006	3.9%	0.002	27.4%
3	0.115	0.263	0.148	4.2%	0.041	27.6%	0.213	0.099	3.1%	0.034	34.0%
4	0.007	0.01	0.003	2.1%	0.002	56.0%	0.009	0.002	1.4%	0.002	82.0%
5	0.002	0.002	0.001	1.5%	0	66.1%	0.002	0	0.6%	0	149.8%
6	0.068	0.074	0.006	0.4%	0.019	301.3%	0.064	−0.004	−0.3%	0.016	−397.2%
7	0.095	0.11	0.015	0.7%	0.02	130.4%	0.091	−0.003	−0.2%	0.017	−489.2%
8	0.035	0.049	0.014	1.7%	0.006	43.9%	0.041	0.006	0.8%	0.005	86.9%
9	0.006	0.013	0.007	3.7%	0.002	27.5%	0.011	0.004	2.6%	0.001	35.0%
10	0.145	0.223	0.079	2.2%	0.041	52.3%	0.187	0.043	1.3%	0.036	82.9%
11	0.011	0.036	0.025	6.0%	0.006	26.4%	0.029	0.018	4.9%	0.005	29.8%
12	0	0.001	0.001	5.3%	0	33.3%	0.001	0.001	4.3%	0	38.0%
13	0.009	0.025	0.016	5.1%	0.005	33.4%	0.021	0.011	4.1%	0.004	38.6%
14	0.001	0.003	0.002	4.6%	0	3.5%	0.003	0.001	3.6%	0	4.1%
15	0.004	0.014	0.01	6.3%	0.002	23.1%	0.011	0.007	5.1%	0.002	26.2%
16	0.189	0.321	0.133	2.7%	0.038	28.7%	0.264	0.076	1.7%	0.032	41.6%
17	0.084	0.166	0.082	3.4%	0.023	28.1%	0.135	0.051	2.4%	0.019	37.2%
18	0.025	0.105	0.08	7.5%	0.018	22.0%	0.082	0.057	6.1%	0.014	24.8%
19	0.026	0.058	0.032	4.2%	0.008	24.4%	0.047	0.022	3.1%	0.007	30.2%
20	0.684	1.835	1.151	5.1%	0.366	31.8%	1.484	0.8	3.9%	0.305	38.1%
21	0.04	0.044	0.004	0.5%	0.008	203.1%	0.037	−0.003	−0.4%	0.007	−244.6%
22	0.146	0.309	0.162	3.8%	0.071	43.4%	0.255	0.109	2.8%	0.06	55.0%
23	0.045	0.113	0.067	4.6%	0.026	38.2%	0.092	0.047	3.6%	0.021	45.9%
24	0.066	0.125	0.058	3.2%	0.019	32.9%	0.103	0.037	2.2%	0.016	44.1%
25	0.004	0.009	0.005	3.8%	0.002	45.8%	0.007	0.003	2.8%	0.002	57.1%
26	0.158	0.473	0.315	5.6%	0.105	33.3%	0.382	0.224	4.5%	0.088	39.2%
27	0.023	0.079	0.055	6.3%	0.017	30.3%	0.063	0.04	5.1%	0.014	34.9%

续表

	2010 年	2030 年基准情形					2030 年低增长情形				
职业	需求	需求	增长（2010～2030 年）	年均增长率	人口变化引起的增长	人口变化导致的增长份额	需求	增长（2010～2030 年）	年均增长率	人口变化引起的增长	人口变化导致的增长份额
28	3.457	2.09	−1.367	−2.5%	0.564	−41.3%	2.082	−1.375	−2.5	0.578	−42.1%
29	0.045	0.07	0.025	2.2%	0.01	41.6%	0.058	0.013	1.2	0.009	68.3%
30	0.033	0.033	0	0.0%	0.004	−5413.2%	0.028	−0.005	−0.8	0.003	−65.4%
31	0.029	0.04	0.011	1.7%	0.007	62.5%	0.033	0.004	0.7	0.006	138.5%
32	0.11	0.064	−0.045	−2.6%	0.009	−19.1%	0.056	−0.054	−3.3	0.008	−14.0%
33	0.079	0.075	−0.004	−0.3%	0.011	−262.8%	0.063	−0.016	−1.1	0.009	−60.8%
34	0.052	0.108	0.056	3.7%	0.028	49.7%	0.087	0.035	2.6	0.023	66.6%
35	0.049	0.048	−0.001	−0.1%	0.008	−1076.7%	0.041	−0.008	−0.9	0.007	−84.7%
36	0.072	0.134	0.062	3.2%	0.018	28.7%	0.109	0.037	2.1	0.014	39.2%
37	0.027	0.029	0.002	0.3%	0.005	293.9%	0.025	−0.003	−0.5	0.005	−172.0%
38	0.066	0.097	0.031	1.9%	0.02	64.6%	0.08	0.014	1.0	0.016	117.6%
39	0.179	0.35	0.171	3.4%	0.088	51.4%	0.288	0.109	2.4	0.073	67.4%
40	0.041	0.023	−0.018	−2.9%	0.006	−35.3%	0.021	−0.02	−3.4	0.006	−29.7%
41	0.002	0.001	0	−1.5%	0	−71.7%	0.001	−0.001	−2.1	0	−50.2%
42	0.005	0.005	0	−0.3%	0.001	−281.7%	0.004	−0.001	−1.1	0.001	−77.0%
43	0.072	0.043	−0.029	−2.6%	0.005	−17.7%	0.038	−0.034	−3.1	0.005	−13.7%
44	0.034	0.038	0.005	0.6%	0.002	45.2%	0.032	−0.001	−0.2	0.002	−130.4%
45	0.018	0.015	−0.003	−0.9%	0.002	−59.0%	0.013	−0.005	−1.7	0.002	−28.4%
46	0.002	0.006	0.004	5.0%	0.001	31.3%	0.005	0.003	3.9	0.001	37.4%
47	0.012	0.011	−0.001	−0.2%	0.002	−400.6%	0.009	−0.002	−1.0	0.002	−85.2%
48	0.033	0.028	−0.005	−0.8%	0.005	−101.4%	0.024	−0.009	−1.6	0.005	−51.8%
49	0.004	0.005	0.001	1.7%	0.001	62.8%	0.004	0.001	0.8	0.001	122.9%
50	0.291	0.537	0.246	3.1%	0.016	6.4%	0.454	0.163	2.2	0.013	8.2%
51	0.185	0.144	−0.041	−1.2%	0.023	−56.2%	0.124	−0.061	−2.0	0.02	−33.0%
52	0.002	0.007	0.005	5.6%	0.001	29.4%	0.005	0.003	4.4	0.001	34.3%
53	0.039	0.033	−0.006	−0.8%	0.006	−96.6%	0.028	−0.011	−1.6	0.005	−45.7%
54	0.131	0.179	0.047	1.6%	0.031	66.0%	0.15	0.018	0.7	0.027	143.8%
55	0.007	0.018	0.011	4.8%	0.004	33.6%	0.014	0.007	3.7	0.003	40.6%
合计	7.198	8.906	1.709	1.1%	1.763	103.3%	7.688	0.493	0.3	1.586	323.3%

第 5 章　世界投入产出模型及在中美贸易摩擦影响分析中的应用

5.1　引　　言

在全球价值链时代，传统的出口指标已不能准确测度一国在国际贸易中的真实表现。首先，一国出口品的价值并非全部被本国获得。随着国际生产分工的深入，一国出口品的生产过程中需要使用大量的进口品，因此一国出口价值中含有大量的国外增加值，这部分收入创造在国外而非国内。另外，一国出口总值的核算方法存在重复计算问题。在全球生产网络中，一国某些出口品的价值会隐含在本国的进口品中进一步用于生产本国的其他出口品，因此这部分价值在一国的出口总值中被重复计算。由于国外增加值有重复计算问题的存在，传统的出口总值指标将夸大一国从国际贸易中的获益。在这一背景下，产生了第二代贸易统计指标“增加值贸易”（trade in value added，TiVA）（Chen et al.，2012；Johnson and Noguera，2012；Koopman et al.，2014），该指标关注一国增加值在全球的流动情况，以此来测度一国在国际贸易中的真实利得。全球价值链中产生的收入沿国家间的进出口贸易流动和分配，准确地追踪各国增加值在全球价值链中的流动，对于测度双边利益关系、把握双边贸易对经济的影响至关重要。

本章基于世界投入产出数据库（World Input-Output Database，WIOD）建立了多国连接的投入产出模型（世界投入产出模型），并基于该模型构建了增加值贸易指标、经济体间依存度指标。利用增加值贸易指标展示了中国与主要贸易伙伴之间的增加值流动情况，并利用经济体间依存度指标测算了中国与主要贸易伙伴的相互依赖关系及动态变化情况。最后基于世界投入产出模型结合假设提取法就中美贸易摩擦对中美两国 GDP 和就业的影响进行了测算。

5.2　世界投入产出表与世界投入产出模型的构建

世界投入产出模型构建的数据基础为世界投入产出表。Dietzenbacher 等（2013）认为目前国际上使用较多的经济体间投入产出表包括 WIOD 公布的世界投入产出表、OECD-WTO 增加值贸易数据库公布的经济体间投入产出表、GTAP（Global

Trade Analysis Project）数据库公布的多区域投入产出表、Eora 全球多区域投入产出表、亚洲开发银行公布的多区域投入产出表。本章选择使用的表为 WIOD 公布的世界投入产出表（2016 年版）。该版本的世界投入产出表根据国民账户体系 2008 准则利用各个经济体的供给使用表结合双边贸易数据编制完成，涵盖 44 个经济体，每个经济体包括 56 个产业部门［产业分类国际标准（订正 4)］。具体经济体代码与产业部门分类见本章附录表 A5.1。

简化起见，表 5.1 给出了包含 3 个经济体、n 个产业部门的世界投入产出表的表式。从列向看，世界投入产出表给出了各个经济体各个部门生产过程中的投入情况。例如，$\boldsymbol{Z}^{rr}$、$\boldsymbol{Z}^{sr}$、$\boldsymbol{Z}^{tr}$ 分别表示经济体 r 各产业部门生产过程中对本经济体 r 中间品的消耗、对经济体 s 中间品的消耗、对经济体 t 中间品的消耗；$\boldsymbol{Z}^{sr}$、$\boldsymbol{Z}^{tr}$ 为经济体 r 进口的中间品。从行向看，世界投入产出表给出了各个国家各个产业部门生产出的产品的使用去向。例如，$\boldsymbol{Z}^{rr}$、$\boldsymbol{Z}^{rs}$、$\boldsymbol{Z}^{rt}$ 分别表示经济体 r 各产业部门生产的产品中被本经济体 r、被经济体 s 和被经济体 t 用作中间使用的部分；$\boldsymbol{f}^{rr}$、$\boldsymbol{f}^{rs}$、$\boldsymbol{f}^{rt}$ 分别表示本经济体 r 各产业部门生产的产品中被本经济体 r、被经济体 s 和被经济体 t 用作最终使用的部分；$\boldsymbol{Z}^{rs}$、$\boldsymbol{Z}^{rt}$ 为本经济体 r 的中间品出口，$\boldsymbol{f}^{rs}$、$\boldsymbol{f}^{rt}$ 为本经济体 r 的最终品出口。

表 5.1　世界投入产出表

投入＼产出	中间使用			最终使用			总产出
	经济体 r	经济体 s	经济体 t	经济体 r	经济体 s	经济体 t	
经济体 r	$\boldsymbol{Z}^{rr}$	$\boldsymbol{Z}^{rs}$	$\boldsymbol{Z}^{rt}$	$\boldsymbol{f}^{rr}$	$\boldsymbol{f}^{rs}$	$\boldsymbol{f}^{rt}$	$\boldsymbol{x}^{r}$
经济体 s	$\boldsymbol{Z}^{sr}$	$\boldsymbol{Z}^{ss}$	$\boldsymbol{Z}^{st}$	$\boldsymbol{f}^{sr}$	$\boldsymbol{f}^{ss}$	$\boldsymbol{f}^{st}$	$\boldsymbol{x}^{s}$
经济体 t	$\boldsymbol{Z}^{tr}$	$\boldsymbol{Z}^{ts}$	$\boldsymbol{Z}^{tt}$	$\boldsymbol{f}^{tr}$	$\boldsymbol{f}^{ts}$	$\boldsymbol{f}^{tt}$	$\boldsymbol{x}^{t}$
增加值	$(\boldsymbol{v}^{r})^{\mathrm{T}}$	$(\boldsymbol{v}^{s})^{\mathrm{T}}$	$(\boldsymbol{v}^{t})^{\mathrm{T}}$				
总产出	$(\boldsymbol{x}^{r})^{\mathrm{T}}$	$(\boldsymbol{x}^{s})^{\mathrm{T}}$	$(\boldsymbol{x}^{t})^{\mathrm{T}}$				

全球中间品流量矩阵 $\boldsymbol{Z}$（$3n\times3n$）、全球最终需求矩阵 $\boldsymbol{F}$（$3n\times3$）、全球总产出向量 $\boldsymbol{x}$（$3n\times1$）及全球增加值向量 $\boldsymbol{v}^{\mathrm{T}}$（$1\times3n$）表示如下：

$$\boldsymbol{Z}=\begin{bmatrix}\boldsymbol{Z}^{rr} & \boldsymbol{Z}^{rs} & \boldsymbol{Z}^{rt}\\ \boldsymbol{Z}^{sr} & \boldsymbol{Z}^{ss} & \boldsymbol{Z}^{st}\\ \boldsymbol{Z}^{tr} & \boldsymbol{Z}^{ts} & \boldsymbol{Z}^{tt}\end{bmatrix}$$

$$\boldsymbol{F}=\begin{bmatrix}\boldsymbol{f}^{rr} & \boldsymbol{f}^{rs} & \boldsymbol{f}^{rt}\\ \boldsymbol{f}^{sr} & \boldsymbol{f}^{ss} & \boldsymbol{f}^{st}\\ \boldsymbol{f}^{tr} & \boldsymbol{f}^{ts} & \boldsymbol{f}^{tt}\end{bmatrix}$$

$$x=\begin{bmatrix} x^r \\ x^s \\ x^t \end{bmatrix}$$

$$v^{\mathrm{T}}=[v^{r^{\mathrm{T}}} \quad v^{s^{\mathrm{T}}} \quad v^{t^{\mathrm{T}}}]$$

通过追踪各产业部门产出的使用去向，世界投入产出表的行向满足如下等式（其中 i 表示元素全为 1 的求和列向量）：

$$Zi+Fi=x \tag{5.1}$$

进一步定义全球投入系数矩阵 $A=Z\hat{x}^{-1}$，分块矩阵形式为

$$A=\begin{bmatrix} A^{rr} & A^{rs} & A^{rt} \\ A^{sr} & A^{ss} & A^{st} \\ A^{tr} & A^{ts} & A^{tt} \end{bmatrix}$$

则式（5.1）可写为

$$Ax+Fi=x \tag{5.2}$$

求解式（5.2）得到如下世界投入产出模型：

$$x=(I-A)^{-1}Fi$$

$L=(I-A)^{-1}$ 为全球列昂惕夫逆矩阵，分块矩阵形式为

$$L=\begin{bmatrix} L^{rr} & L^{rs} & L^{rt} \\ L^{sr} & L^{ss} & L^{st} \\ L^{tr} & L^{ts} & L^{tt} \end{bmatrix}$$

全球列昂惕夫逆矩阵给出了世界各国各产业部门之间的完全关联关系。例如，L^{rs} 为 $n\times n$ 的子矩阵，其中的元素表示国家 s 各产业部门生产单位产品对国家 r 各产业部门产出的直接和间接影响（完全影响）。

5.3　增加值贸易与经济体间依存度

5.3.1　增加值贸易

在最终品贸易时代，我们关心一经济体消费了另外一经济体多少产品，即为一经济体从另外一经济体的进口。然而，随着全球价值链的扩张，全球中间品贸易快速增长，一国出口品生产的完成需要使用大量的进口品，从而使得一经济体出口额中含有很大比例的国外增加值。传统的贸易统计指标（如出口额）已不能准确衡量一经济体的真实贸易利得。在全球价值链时代，政策制定者转而关心一经济体（直接和间接）消费了另外一经济体多少增加值，以此来测度双边贸易关系。

增加值贸易的定义及计算公式如下。

1. 增加值出口

经济体 r 向经济体 s 的增加值出口（π^{rs}）定义为经济体 r 的增加值被经济体 s 最终使用的数量。计算公式如下：

$$\pi^{rs} = \boldsymbol{w}^{r^{\mathrm{T}}} \boldsymbol{L} \boldsymbol{f}^{s}$$

其中，$\boldsymbol{w}^{r^{\mathrm{T}}}$ 表示经济体 r 的增加值率行向量；$\boldsymbol{L}$ 表示全球列昂惕夫逆矩阵；$\boldsymbol{f}^{s}$ 表示经济体 s 的最终需求列向量。

2. 增加值进口

经济体 r 从经济体 s 的增加值进口（π^{sr}）定义为经济体 s 的增加值被经济体 r 最终使用的数量。计算公式如下：

$$\pi^{sr} = \boldsymbol{w}^{s^{\mathrm{T}}} \boldsymbol{L} \boldsymbol{f}^{r}$$

其中，$\boldsymbol{w}^{s^{\mathrm{T}}}$ 表示经济体 s 的增加值率行向量；$\boldsymbol{L}$ 表示全球列昂惕夫逆矩阵；$\boldsymbol{f}^{r}$ 表示经济体 r 的最终需求列向量。

3. 增加值贸易差额

经济体 r 与经济体 s 的双边增加值贸易差额（$\pi^{rs} - \pi^{sr}$）定义为经济体 r 向经济体 s 的增加值出口与经济体 r 从经济体 s 的增加值进口之差。计算公式如下：

$$\pi^{rs} - \pi^{sr} = \boldsymbol{w}^{r^{\mathrm{T}}} \boldsymbol{L} \boldsymbol{f}^{s} - \boldsymbol{w}^{s^{\mathrm{T}}} \boldsymbol{L} \boldsymbol{f}^{r}$$

从双边贸易的定义和计算公式可以看出，两个经济体即便没有传统的双边贸易（两个经济体相互不进口双方生产的产品），但两个经济体之间仍然有可能发生增加值贸易。例如，经济体 A 向经济体 B 不出口任何产品，经济体 B 最终使用的一篮子产品中含有从经济体 C 进口的产品，而经济体 C 在生产经济体 B 消费的产品的过程中使用了来自经济体 A 的中间品，因此会产生经济体 A 的增加值。换句话说，经济体 B 最终使用的一篮子产品中隐含了经济体 A 的增加值，经济体 A 向经济体 B 出口了增加值。

基于 WIOD 发布的 2014 年世界投入产出表，利用双边增加值贸易公式对中国与主要贸易伙伴之间的增加值进出口流量进行了核算（图 5.1，详细数据见本章附录表 A5.3）。

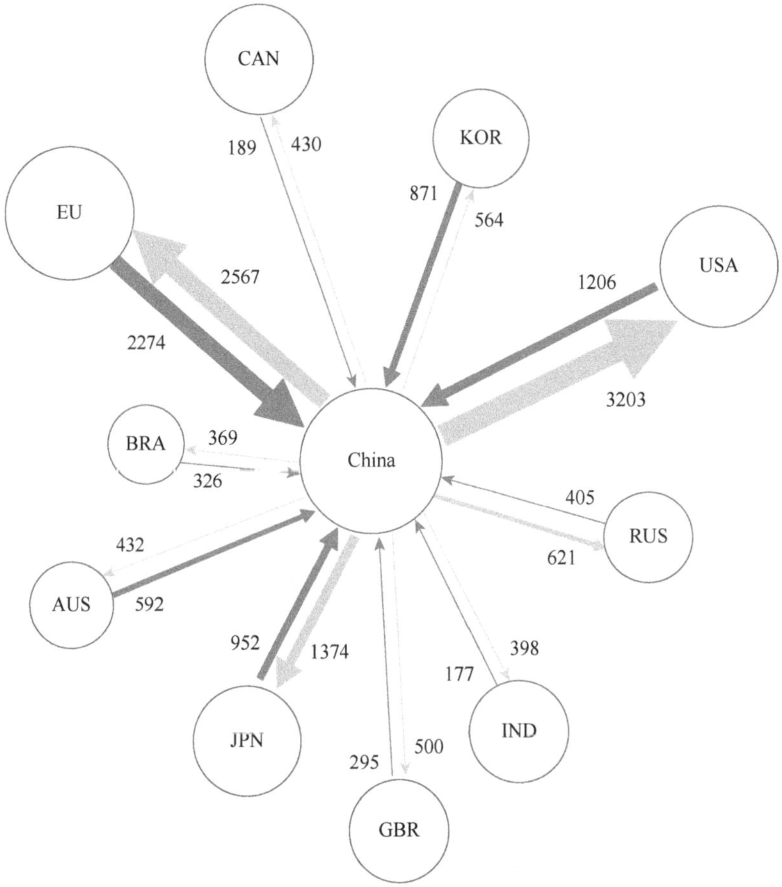

图 5.1　中国双边增加值贸易流

单位是亿美元

从图 5.1 可以看出，中国同欧盟（未包含英国）、美国、日本的增加值贸易往来最为密切。中欧增加值贸易总量为 4841 亿美元，其中，中国向欧盟的增加值出口量为 2567 亿美元，增加值进口量为 2274 亿美元，中欧增加值贸易差额为 293 亿美元，呈较小顺差态势。中美增加值贸易总量达 4409 亿美元，其中，中国向美国的增加值出口量为 3203 亿美元，增加值进口量为 1206 亿美元，中美增加值贸易差额为 1997 亿美元，呈较大顺差。中日增加值贸易总量为 2326 亿美元，其中，中国向日本的增加值出口量为 1374 亿美元，增加值进口量为 952 亿美元，中日增加值贸易差额为 422 亿美元，呈顺差态势。中国与韩国之间的增加值贸易差额则呈逆差态势，增加值贸易差额为−307 亿美元。

为体现传统贸易差额与增加值贸易差额的差异，图 5.2 进一步给出了 2014 年中国与主要贸易伙伴以传统贸易和增加值贸易核算的双边贸易差额。从图 5.2 可以看出，与传统贸易差额相比，以增加值核算的中美双边贸易差额显著下降，而以增加值核算的中韩双边增加值贸易差额显著上升（中韩之间的贸易逆差显著缩小）。可见，传统的进出口贸易指标严重扭曲了双边贸易状况，增加值贸易指标应在辅助贸易谈判、改善双边经贸关系方面发挥更大作用。

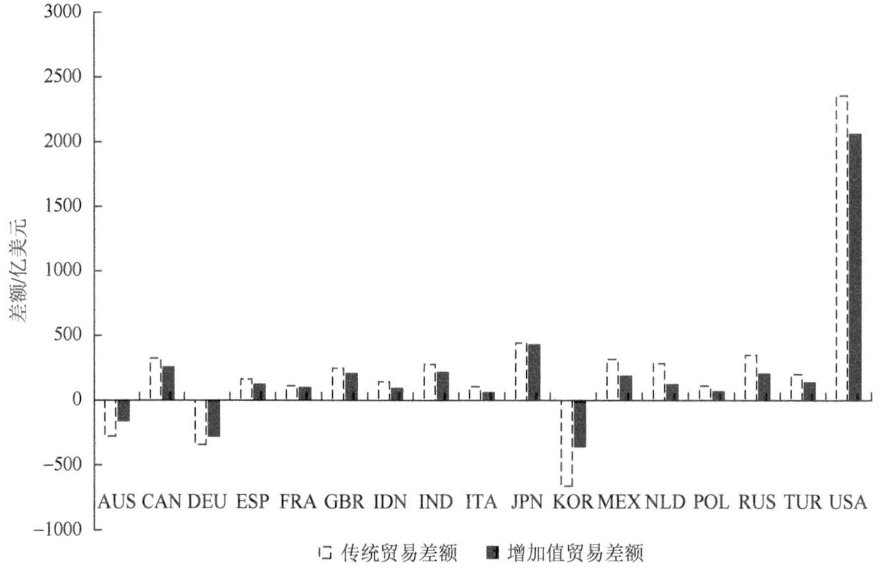

图 5.2　2014 年中国双边贸易差额

5.3.2　经济体间依存度指标

一个经济体的最终需求可以通过复杂的全球生产网络直接或间接地带动另一个经济体 GDP 的增长。国家间依存度指标可测度一个经济体对国外最终需求的依赖程度。一个国家创造的 GDP（增加值），按使用去向可分为被本国最终使用的部分（即内需所拉动的 GDP）和被国外最终使用的部分（即外需所拉动的 GDP）。通过追踪世界各国最终需求所拉动的一国 GDP 占该国 GDP 总量的比重，可以测度一国对世界各国的依赖程度。

经济体 r 对经济体 s 的依赖程度可以表示为

$$d^{rs} = \frac{\pi^{rs}}{\mathrm{GDP}^r} = \frac{\boldsymbol{w}^{r^{\mathrm{T}}}(\boldsymbol{I}-\boldsymbol{A})\boldsymbol{f}^s}{\mathrm{GDP}^r}$$

其中，π^{rs} 表示经济体 r 为满足经济体 k 的最终需求而产生的增加值（经济体 r 向经济体 s 的增加值出口）；GDP^r 表示经济体 r 的 GDP 总量。此指标测度了经济体 r 的生产在多大程度上取决于经济体 s 的最终需求。它表征了经济体 r 受经济体 s 的最终需求拉动的 GDP 份额。

我们利用国家间依存度指标测算了 2000～2014 年中国与世界主要经济体依存度的变化。图 5.3 给出了中国对本国依赖度（即对内需的依赖度）的动态变化情况。整体来看中国对内需的依赖度呈现先下降后上升的态势。2001 年中国加入世贸组织后，出口量迅速增长，出口成为拉动中国经济增长的重要动力。在这段时间中国对内需的依赖度不断下降，依赖度由 2001 年的 83%左右下降到 2006 年的 72%左右。之后，内需拉动经济增长的贡献不断上升，尤其是 2008 年全球金融危机之后，外需的疲软使得中国对内需的依赖度不断回升，2014 年达到 81%左右。内需在拉动中国经济增长中的作用越来越重要。

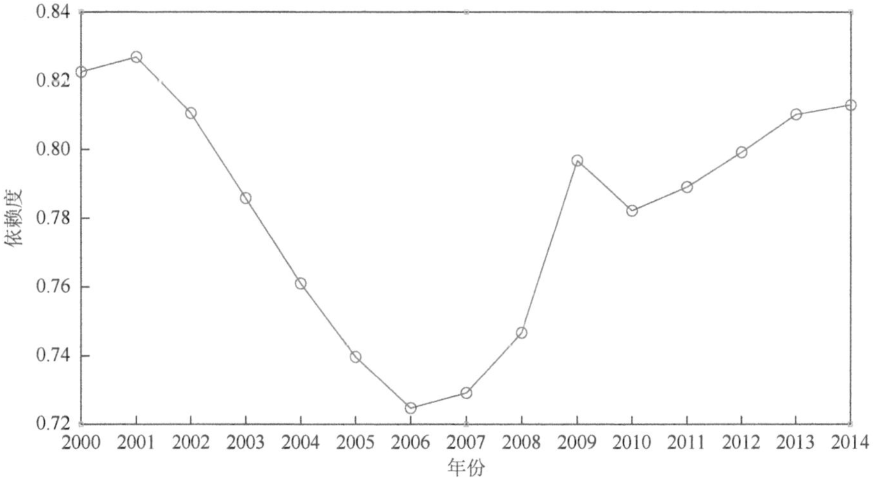

图 5.3 中国对本国依存度动态变化

图 5.4 给出了中国与美国之间的依存度变化情况。可以看出，中国对美国依赖度的变化与中国对本国依赖度的变化呈现出相反的趋势。中国加入世贸组织后，对美国的依赖度迅速上升，2006 年中国对美国的依赖度达到 6%左右，即 2006 年中国的 GDP 中有 6%是由美国的最终需求贡献的。2006 年之后，中国对美国的依赖度不断下降，到 2014 年下降到 3%左右。美国对中国的依赖度一直呈上升态势，2014 年美国对中国的依赖度接近 1%，中国在拉动美国经济增长中的作用越来越大。

图 5.5 和图 5.6 分别给出了中国和日本、德国之间的依存度变化情况。总体来看，基本呈现出全球金融危机后中国对日本、德国的依赖度下降而日本、德国对中国的依赖度上升的趋势。2014 年，日本、德国对中国的依存度上升到 2%以上，远高于中国对两国的依存度。中国对世界经济增长的贡献越来越大，在今后世界中的经济地位将越来越强。

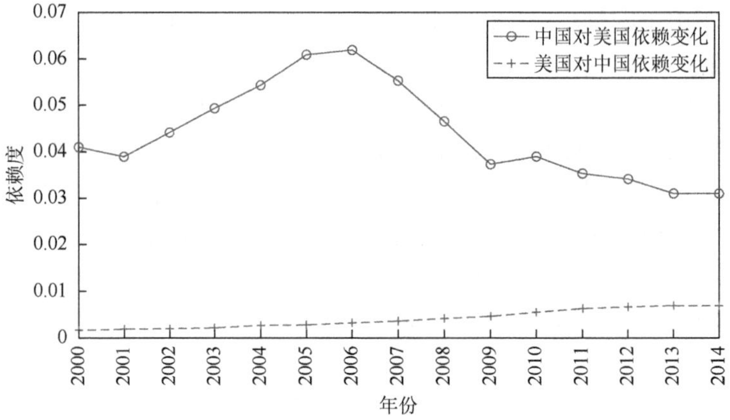

图 5.4　中国与美国的依存度变化

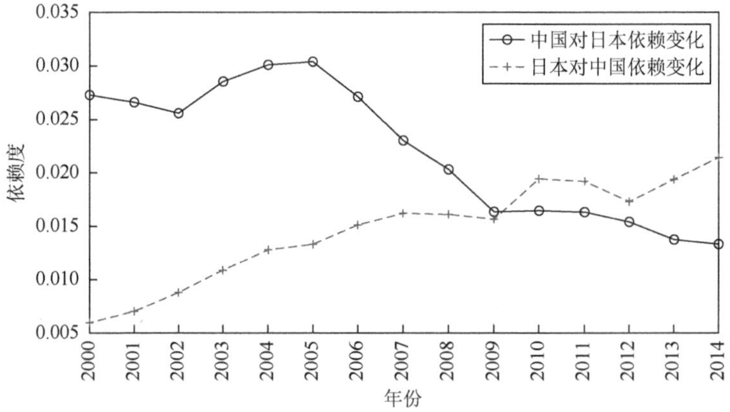

图 5.5　中国与日本的依存度变化

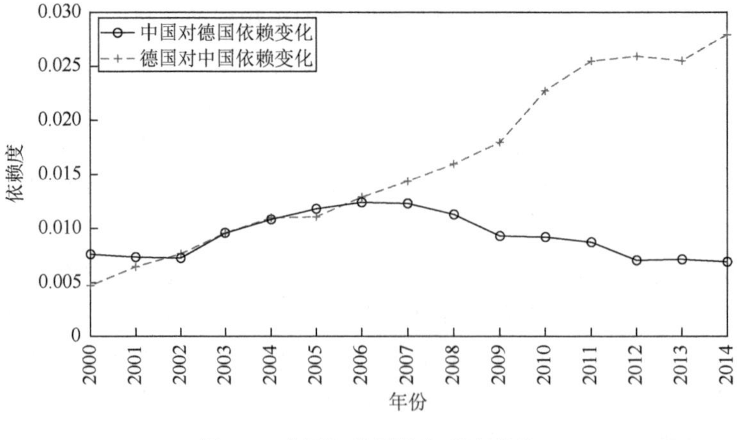

图 5.6　中国与德国的依存度变化

5.4　中美贸易摩擦对经济增长和就业的影响

目前中美仍是相互间最大贸易往来国，短期内中美双边贸易摩擦将给双方的经济增长和就业带来较大负面影响。另外，中国已经成为衔接以美国为主的发达国家价值链和发展中国家价值链的枢纽国，并与其共处于一个全球价值链环流体系之中。中美双边贸易摩擦将会产生多边影响，处于中美贸易品产业链中的其他国家同样会受到影响。以下我们利用假设提取法（hypothetical extraction）分两种情景对中美贸易摩擦的影响进行测算。情景一：假定中美贸易全面中断，并且短时间内无法在全球其他国家找到替代。以此来测算中美贸易摩擦的上界，即中美贸易摩擦最悲观情况下会对中美两国的经济增长和就业产生多大影响。情景二：在中美贸易完全切断的情况下，中美两国可从世界其他国家找到替代品满足需求。据此进一步考虑中美贸易摩擦引起全球贸易格局变化后所产生的影响。

5.4.1　测算方法介绍

假设提取法最早用于测度产业部门的重要程度，其原理是将某个产业或者某个国家从投入产出结构中提取出来，即假设这部分全部为 0，通过对比提取前后产出的变化来测度该产业（或者该国家）在经济系统中的作用。Los 和 Timmer（2018）、Dietzenbacher 等（2019）认为，在世界投入产出表中，该方法同样可以用来测度某些贸易流程对各国 GDP 产生的影响。如果我们想要研究 r 国对 s 国的出口给两国 GDP 产生的影响，需要将 r 国对 s 国的出口贸易部分从世界投入产出表中提取出来，假设 s 国在生产和消费过程中不使用任何来自 r 国的中间产品和最终产品。此时新的直接消耗系数矩阵 $\boldsymbol{A}_r^{*s}$ 和最终需求矩阵 $\boldsymbol{F}_r^{*s}$ 就变成了：

$$\boldsymbol{A}_s^{*r}=\begin{bmatrix}\boldsymbol{A}^{rr} & \boldsymbol{0} & \boldsymbol{A}^{rt}\\ \boldsymbol{A}^{sr} & \boldsymbol{A}^{ss} & \boldsymbol{A}^{st}\\ \boldsymbol{A}^{tr} & \boldsymbol{A}^{ts} & \boldsymbol{A}^{tt}\end{bmatrix} \tag{5.3}$$

$$\boldsymbol{F}_s^{*r}=\begin{bmatrix}\boldsymbol{F}^{rr} & \boldsymbol{0} & \boldsymbol{F}^{rt}\\ \boldsymbol{F}^{sr} & \boldsymbol{F}^{ss} & \boldsymbol{F}^{st}\\ \boldsymbol{F}^{tr} & \boldsymbol{F}^{ts} & \boldsymbol{F}^{tt}\end{bmatrix} \tag{5.4}$$

在此假设下，r 国、s 国与 t 国的 GDP 将分别变为

$$\text{GDP}_s^{*r}=\tilde{\boldsymbol{w}}^{r'}(\boldsymbol{I}-\boldsymbol{A}_s^{*r})^{-1}\boldsymbol{F}_s^{*r}\boldsymbol{i}$$

$$\text{GDP}_s^{*s}=\tilde{\boldsymbol{w}}^{s'}(\boldsymbol{I}-\boldsymbol{A}_s^{*r})^{-1}\boldsymbol{F}_s^{*r}\boldsymbol{i}$$

$$\text{GDP}_s^{*t}=\tilde{\boldsymbol{w}}^{t'}(\boldsymbol{I}-\boldsymbol{A}_s^{*r})^{-1}\boldsymbol{F}_s^{*r}\boldsymbol{i}$$

那么，r 国向 s 国出口给 r 国、s 国与 t 国带来的增加值为

$$\mathrm{VAXD}_s^{*r} = \mathrm{GDP}^r - \mathrm{GDP}_s^{*r}$$

$$\mathrm{VAXD}_s^{*s} = \mathrm{GDP}^s - \mathrm{GDP}_s^{*s}$$

$$\mathrm{VAXD}_s^{*t} = \mathrm{GDP}^t - \mathrm{GDP}_s^{*t}$$

以上是单方面地切断了 r 国向 s 国的出口，在考虑 r 国和 s 国双边贸易时，在式（5.3）和式（5.4）的基础上将 s 国向 r 国的出口部分变为 0，即

$$\boldsymbol{A}_{rs}^{*rs} = \begin{bmatrix} \boldsymbol{A}^{rr} & \boldsymbol{0} & \boldsymbol{A}^{rt} \\ \boldsymbol{0} & \boldsymbol{A}^{ss} & \boldsymbol{A}^{st} \\ \boldsymbol{A}^{tr} & \boldsymbol{A}^{ts} & \boldsymbol{A}^{tt} \end{bmatrix}$$

$$\boldsymbol{F}_{rs}^{*rs} = \begin{bmatrix} \boldsymbol{F}^{rr} & \boldsymbol{0} & \boldsymbol{F}^{rt} \\ \boldsymbol{0} & \boldsymbol{F}^{ss} & \boldsymbol{F}^{st} \\ \boldsymbol{F}^{tr} & \boldsymbol{F}^{ts} & \boldsymbol{F}^{tt} \end{bmatrix}$$

在新的假设下，r 国的 GDP 为

$$\mathrm{GDP}_{sr}^{*r} = \tilde{\boldsymbol{w}}^{r'}(\boldsymbol{I} - \boldsymbol{A}_{rs}^{*rs})^{-1}\boldsymbol{F}_{rs}^{*rs}\boldsymbol{i}$$

因此，r 国与 s 国的双边贸易摩擦引起 r 国 GDP 下降量的上界为

$$\mathrm{VAXD}_{rs}^{*r} = \mathrm{GDP}^r - \mathrm{GDP}_{sr}^{*r}$$

同理也可以计算出 r 国与 s 国的双边贸易切断对国家 s 和国家 t 的 GDP 的影响。如果将增加值系数向量替换为就业系数向量，按照同样的方法可以测算出中美贸易摩擦对中美双方就业影响的上界。

如果一个国家与另外一国的贸易切断，该国将会从其他国家进口相同或相似的产品进行替代，以此来满足原有水平的生产和消费活动。H 国 k 产业不再向 N 国进行出口，那么此时 N 国从 H 国减少的中间品和最终品进口量，都需要 N 国从除 H 国和 N 国本国之外的其他国家的 k 产业部门增加进口，使得增加后的进口量能够替代原来 N 国从 H 国减少的进口量。假定从其他各个国家进口的增量份额与原始的国际市场份额保持一致，在这一情景下投入产出模型中的直接投入系数和最终需求量将变为

$$\overline{a}_k^{TS} = a_k^{TS} + a_k^{MS}\frac{a_i^{TS}}{\sum_{R\neq M,N} a_k^{RS}} (\forall j, S = N,\ \ \forall T \neq M, N)$$

$$\overline{f}_k^{TS} = f_k^{TS} + f_k^{MS}\frac{f_i^{TS}}{\sum_{R\neq M,N} f_k^{RS}} (S = N,\ \ \forall T \neq M, N)$$

按前述方法，比较双边贸易变化前和变化后各国 GDP 与就业的数量即可测算出考虑进口替代情境下中美双边贸易摩擦影响的上界。

5.4.2 测算结果

利用 WIOD 公布的 2014 年世界投入产出表，我们分两种情形测算了中美贸易摩擦对中美双方 GDP 和就业影响的上界（测算结果见表 5.2）。情景一：假定中美双边贸易完全切断，且无进口替代发生。情景二：假定中美双边贸易完全切断，且中美双方按照国际市场份额进行进口替代。情景三：在情景二基础上进一步假定允许国内品替代进口品。

表 5.2 中美贸易摩擦对中美双方 GDP 和就业的影响

指标	情景一		情景二		情景三	
	中国	美国	中国	美国	中国	美国
GDP 影响/亿美元	−2807.5	−973.9	−2573.8	−665.3	−1911.5	1016.6
GDP 变化率	−2.73%	−0.56%	−2.50%	−0.37%	−1.86%	0.58%
就业影响/万人	−2050.2	−67.5	−1890.6	−47.3	−1365.8	67.0
就业变化率	−2.39%	−0.43%	−2.20%	−0.30%	−1.59%	0.43%

如表 5.2 所示，在不考虑进口替代的情况下，中美贸易摩擦对中国 GDP 与就业影响的上界较大。若中美双方不再进行国际贸易，则以 2014 年 GDP 和就业为基数，中国 GDP 将下降 2807.5 亿美元（下降 2.73%），就业人数将下降 2050.2 万人（下降 2.39%）。相反，中美贸易摩擦给美国的 GDP 和就业带来的影响相对较小。若中美双方贸易切断，以 2014 年 GDP 和就业为基数，美国 GDP 将下降 973.9 亿美元（下降 0.56%），就业人数将下降 67.5 万人（下降 0.43%）。进一步考虑进口替代效应后，贸易摩擦对中美双方的负面影响有所下降但变化不大。中美双方的贸易进行进口替代后，对其他国家产品的需求上升，通过全球生产链的传导会间接带动中美两国的生产，但该方面的间接效应较弱。相反，中美两国的进口替代效应将使墨西哥、加拿大、日本、韩国、德国、法国、意大利等中美两国的主要进口贸易伙伴国受益。中美两国损失的 GDP 将主要被以上国家分配。进一步考虑国产替代后，国内需求的上升将对冲贸易摩擦产生的负面影响。在该情景下，中国 GDP 将由下降 2.73%减弱为下降 1.86%；美国 GDP 则由下降 0.56%变为增长 0.58%。

我们进一步对中美两国的重要贸易流进行了识别，据此厘清哪些行业的贸易摩擦对中美双方 GDP 和就业的影响较大。表 5.3 给出了五大主要行业贸易摩擦对中美两国 GDP 和就业的影响，详细分行业的测算结果见本章附录表 A5.4。

表 5.3　中美贸易摩擦重要贸易流影响

中国			美国		
主要出口行业	GDP 影响/亿美元	就业影响/万人	主要出口行业	GDP 影响/亿美元	就业影响/万人
C26	−771.3	−463.0	H51	−116.7	−8.0
C13-C15	−478.0	−544.7	A01	−97.6	−8.3
C27	−257.3	−164.8	C30	−94.6	−6.3
C28	−246.7	−150.9	C20	−79.2	−3.3
C31_C32	−217.3	−186.8	C28	−78.7	−6.0

注：A01 为农牧生产、狩猎和相关服务；C13-C15 为纺织品制造、服装制造、皮革和相关产品制造；C20 为化学品及化学制品制造；C26 为计算机、电子产品和光学产品制造；C27 为电气设备制造；C28 为未另分类的机械和设备制造；C30 为其他运输设备制造；C31_C32 为家具制造和其他制造业；H51 为航空运输

从表 5.3 可以看出，中国的计算机、电子产品和光学产品制造（C26）；纺织品制造、服装制造、皮革和相关产品制造（C13-C15）；电气设备制造（C27）；未另分类的机械和设备制造（C28）；家具制造和其他制造业（C31_C32）部门向美国的出口对中国 GDP 贡献较大，为中国重要的对美出口贸易流。一旦这几个部门无法向美国出口，中国的 GDP 将分别减少 771.3 亿美元、478.0 亿美元、257.3 亿美元、246.7 亿美元、217.3 亿美元，GDP 降幅分别为 0.75%、0.46%、0.25%、0.24%、0.21%。美国对中国的重要出口贸易流涉及航空运输（H51）；农牧生产、狩猎和相关服务（A01）；其他运输设备制造（C30）；化学品及化学制品制造（C20）；未另分类的机械和设备制造（C28）。美国这些部门向中国的出口切断将使美国的 GDP 分别减少 116.7 亿美元、97.6 亿美元、94.6 亿美元、79.2 亿美元、78.7 亿美元，降幅分别为 0.07%、0.06%、0.05%、0.05%、0.05%。中国和美国以上重要行业的贸易流同样会对双方的就业产生较大影响。

5.5　主 要 结 论

本章基于 WIOD 公布的世界投入产出表建立了多国连接的世界投入产出模型。在此基础上进一步构建了增加值贸易指标、国家间依存度指标对中国与主要贸易伙伴之间的增加值流动情况、相互之间的依赖关系及动态变化情况进行了测算。最后针对近期的中美贸易摩擦问题，就其对中美两国 GDP 和就业的影响进行了测算。主要研究结论总结如下。

（1）中国同欧盟、美国、日本的增加值贸易往来最为密切。2014 年，中国向欧盟的增加值出口量与进口量分别为 2567 亿美元、2274 亿美元，中欧增加值贸

易呈较小顺差态势。中国向美国的增加值出口量与进口量分别为 3203 亿美元、1206 亿美元，中美增加值贸易差额为 1997 亿美元，呈较大顺差态势。中国与韩国之间的增加值贸易差额则呈逆差态势，增加值贸易差额分别为–307 亿美元。

（2）与传统贸易差额相比，以增加值核算的中美双边贸易差额显著下降。由传统贸易差额 2353 亿美元下降到增加值贸易差额 1997 亿美元。而以增加值核算的中韩双边增加值贸易差额显著上升（中韩之间的贸易逆差显著缩小）。传统的进出口贸易指标严重扭曲了双边贸易状况，增加值贸易指标应在辅助贸易谈判、改善双边经贸关系方面发挥更大作用。

（3）中国对美国、德国、日本等国家的依赖程度呈下降趋势，中国对内需的依赖程度呈上升趋势。国内需求对中国 GDP 的贡献由 2006 年的 72%左右上升到 2014 年的 81%左右，中国对美国的依存度由 2006 年的 6%左右下降到 2014 年的 3%左右。美国、德国、日本等主要国家对中国的依赖程度呈上升趋势。2014 年，美国有 1%的 GDP 是由中国的最终需求拉动的。德国、日本对中国的依赖程度远高于中国对德国和日本的依赖程度。中国对世界经济增长的贡献越来越大。

（4）中美贸易摩擦对中美双方 GDP 和就业影响的上界为：中国 GDP 下降 2.73%左右、就业下降 2.39%左右；美国 GDP 下降 0.56%左右、就业下降 0.43%左右。中美贸易摩擦对中国的影响程度高于美国。进一步考虑使用其他国家及本国产品对来自中美双方的进口品进行替代后，中美国内需求的上升将对冲贸易摩擦产生的负面影响。在该情景下，中国 GDP 将由下降 2.73%减弱为下降 1.86%；美国 GDP 则由下降 0.56%变为增长 0.58%。从分行业的贸易摩擦来看，中国的计算机、电子产品和光学产品制造（C26）；纺织品制造、服装制造、皮革和相关产品制造（C13-C15）；电气设备制造（C27）；未另分类的机械和设备制造（C28）；家具制造和其他制造业（C31_C32）部门出口受限对中国 GDP 和就业的影响最大。美国的航空运输（H51）；农牧生产、狩猎和相关服务（A01）；其他运输设备制造（C30）；化学品及化学制品制造（C20）；未另分类的机械和设备制造（C28）部门出口受限对美国 GDP 和就业的影响最大。

参 考 文 献

Chen X K，Cheng L K，Fung K C，et al. 2012. Domestic value added and employment generated by Chinese exports：a quantitative estimation. China Economic Review，23：850-864.

Dietzenbacher E，Los B，Stehrer R，et al. 2013. The construction of world input-output tables in the wiod project. Economic Systems Research，25，1：71-98.

Dietzenbacher E，van Burken B，Kondo Y. 2019. Hypothetical extractions from a global perspective. Economic Systems Research，31（4）：505-519.

Johnson R C，Noguera G. 2012. Accounting for intermediates：production sharing and trade in value added. Journal of International Economics，86：224-236.
Koopman R，Wang Z，Wei S J. 2014. Tracing value added and double counting in gross exports. American Economic Review，104：459-494.
Los B，Timmer M P. 2018. Measuring bilateral exports of value added：a unified framework. NBER Working Paper，w24896.

本 章 附 录

1. WIOD 经济体代码

WIOD 经济体代码见表 A5.1。

表 A5.1　WIOD 经济体代码

代码	经济体	代码	经济体
AUS	澳大利亚	IRL	爱尔兰
AUT	奥地利	ITA	意大利
BEL	比利时	JPN	日本
BGR	保加利亚	KOR	韩国
BRA	巴西	LTU	立陶宛
CAN	加拿大	LUX	卢森堡
CHE	瑞士	LVA	拉脱维亚
CHN	中国	MEX	墨西哥
CYP	塞浦路斯	MLT	马耳他
CZE	捷克	NLD	荷兰
DEU	德国	NOR	挪威
DNK	丹麦	POL	波兰
ESP	西班牙	PRT	葡萄牙
EST	爱沙尼亚共和国	ROU	罗马尼亚
FIN	芬兰	RUS	俄罗斯
FRA	法国	SVK	斯洛伐克
GBR	英国	SVN	斯洛文尼亚
GRC	希腊	SWE	瑞典
HRV	克罗地亚	TUR	土耳其
HUN	匈牙利	USA	美国
IDN	印度尼西亚	ROW	其他
IND	印度		

2. WIOD 产业部门分类

WIOD 产业部门分类见表 A5.2。

表 A5.2　WIOD 产业部门分类

代码	产业部门	代码	产业部门
A01	农牧生产、狩猎和相关服务	G46	汽车和摩托车外的批发贸易
A02	林业与伐木业	G47	汽车和摩托车外的零售贸易
A03	渔业与水产业	H49	陆路运输与管道运输
B	采矿和采石	H50	水上运输
C10-C12	食品制造；饮料制造；烟草制品制造	H51	航空运输
C13-C15	纺织品制造；服装制造；皮革和相关产品制造	H52	储存和运输辅助
C16	木材、木材制品及软木制品的制造（家具除外）、草编制品及编织材料物品制造	H53	邮政和邮递
C17	纸和纸制品制造	I	食宿服务
C18	记录媒介物的印刷及复制	J58	出版
C19	焦炭和精炼石油产品制造	J59_J60	电影、录像和电视节目制作、录音及音乐作品出版；电台和电视广播
C20	化学品及化学制品制造	J61	电信
C21	基本医药产品和医药制剂制造	J62_J63	计算机程序设计、咨询及相关；信息服务
C22	橡胶和塑料制品制造	K64	保险和养恤金之外的金融服务
C23	其他非金属矿物制品制造	K65	强制性社会保障除外的保险、再保险和养恤金
C24	基本金属制造	K66	金融保险服务及其附属
C25	机械设备除外的金属制品制造	L68	房地产
C26	计算机、电子产品和光学产品制造	M69_M70	法律和会计；管理咨询
C27	电气设备制造	M71	建筑和工程；技术测试和分析
C28	未另分类的机械和设备制造	M72	科学研究与发展
C29	汽车、挂车和半挂车制造	M73	广告业和市场调研
C30	其他运输设备制造	M74_M75	其他专业、科学和技术；兽医
C31_C32	家具制造；其他制造业	N	行政和辅助
C33	机械和设备的修理和安装	O84	管理与国防；强制性社会保障
D35	电、煤气、蒸汽和空调供应	P85	教育
E36	集水、水处理与水供应	Q	人体健康和社会工作
E37-E39	污水处理；废物的收集、处理和处置；材料回收；补救和其他废物管理服务	R_S	艺术、娱乐和文娱；其他服务
F	建筑业	T	家庭作为雇主的；家庭自用、未加区分的物品生产和服务
G45	批发和零售业；汽车和摩托车修理	U	国际组织和机构

3. 2014年中国双边贸易量

2014年中国双边贸易量见表A5.3。

表A5.3　2014年中国双边贸易量　　单位：亿美元

经济体代码	出口额	增加值出口	进口额	增加值进口
AUS	485	432	766	592
AUT	42	49	66	66
BEL	118	95	92	82
BGR	10	12	8	8
BRA	390	369	410	326
CAN	496	430	178	189
CHE	73	79	109	120
CYP	6	6	0	2
CZE	89	48	31	34
DEU	885	714	1 229	972
DNK	62	51	76	58
ESP	215	200	59	84
EST	11	7	2	3
FIN	69	51	48	39
FRA	413	383	302	279
GBR	519	500	274	295
GRC	42	44	5	14
HRV	7	8	1	4
HUN	54	23	25	19
IDN	350	293	210	212
IND	449	398	177	183
IRL	35	32	58	54
ITA	289	257	185	195
JPN	1 729	1 374	1 292	952
KOR	1 019	564	1 688	871
LTU	9	9	2	5
LUX	9	9	5	10
LVA	7	6	1	3
MEX	383	251	74	76
MLT	5	4	1	1
NLD	426	269	142	156
NOR	46	52	46	78
POL	143	118	32	52
PRT	23	26	10	15

续表

经济体代码	出口额	增加值出口	进口额	增加值进口
ROU	26	29	9	18
RUS	652	621	311	405
SVK	20	17	28	17
SVN	14	12	2	5
SWE	112	90	75	81
TUR	231	188	37	58
USA	3 473	3 203	1 121	1 206
ROW	10 385	7 712	8 042	5 031

4. 分行业中美贸易摩擦影响

分行业中美贸易摩擦影响见表 A5.4。

表 A5.4　分行业中美贸易摩擦影响

行业代码	中国 GDP 减少额/亿美元	中国就业减少量/万人	美国 GDP 减少额/亿美元	美国就业减少量/万人
A01	5.70	9.89	97.56	8.27
A02	0.77	1.18	2.63	0.42
A03	0.47	0.80	0.73	0.12
B	13.73	6.25	18.78	0.58
C10-C12	48.23	51.78	49.63	3.86
C13-C15	477.97	544.74	3.86	0.42
C16	22.23	21.66	7.44	0.82
C17	25.12	21.05	14.96	1.10
C18	1.56	1.23	1.47	0.16
C19	14.89	6.29	11.76	0.39
C20	135.07	75.34	79.16	3.26
C21	25.02	20.26	13.10	0.54
C22	78.32	60.13	10.36	0.85
C23	45.77	25.96	5.54	0.44
C24	55.04	24.76	9.45	0.68
C25	118.36	74.91	10.46	0.94
C26	771.33	462.96	77.87	3.68
C27	257.31	164.76	15.13	1.08
C28	246.71	150.86	78.72	6.02
C29	117.81	64.21	66.44	4.72
C30	27.97	14.63	94.60	6.25

续表

行业代码	中国 GDP 减少额/亿美元	中国就业减少量/万人	美国 GDP 减少额/亿美元	美国就业减少量/万人
C31_C32	217.25	186.80	28.70	2.60
C33	0.00	0.00	0.00	0.00
D35	2.90	1.14	0.17	0.01
E36	0.27	0.11	0.00	0.00
E37-E39	1.99	1.09	3.17	0.29
F	0.00	0.00	0.01	0.00
G45	0.00	0.00	0.09	0.01
G46	0.00	0.00	0.86	0.06
G47	0.00	0.00	1.28	0.18
H49	4.70	2.63	36.72	3.32
H50	0.00	0.00	4.91	0.32
H51	54.05	30.63	116.65	7.99
H52	0.00	0.00	0.33	0.04
H53	0.00	0.00	1.36	0.15
I	0.00	0.00	1.11	0.21
J58	0.00	0.00	0.77	0.04
J59_J60	0.00	0.00	0.33	0.02
J61	0.02	0.01	6.03	0.29
J62_J63	0.36	0.18	0.80	0.08
K64	0.00	0.00	1.61	0.10
K65	0.03	0.02	0.19	0.01
K66	0.00	0.00	0.04	0.00
L68	0.00	0.00	0.00	0.00
M69_M70	28.10	16.38	67.67	4.65
M71	0.00	0.00	0.01	0.00
M72	0.15	0.09	3.43	0.30
M73	0.00	0.00	0.00	0.00
M74_M75	0.00	0.00	0.00	0.00
N	2.67	1.63	1.71	0.27
O84	0.01	0.01	4.53	0.45
P85	0.01	0.01	1.04	0.15
Q	0.01	0.01	0.17	0.02
R_S	1.64	3.28	1.00	0.12
T	0.00	0.00	0.00	0.00
U	0.00	0.00	0.00	0.00